Keith Stanglin, Mark Bilby
e Mark Mann (org.)

JACÓ ARMÍNIO
E O REEXAME DE
SUA TEOLOGIA

Keith Stanglin, Mark Bilby
e Mark Mann (org.)

JACÓ ARMÍNIO
E O REEXAME DE
SUA TEOLOGIA

Dados Internacionais de Catalogação na Publicação (CIP)

Ficha Catalográfica elaborada por Simone da Rocha Bittencourt – 10/1171

J15   Jacó Armínio e o reexame de sua teologia / [editado por] Keith Stanglin, Mark Bilby, Mark Mann ; [colaboração de] Richard Muller ... [et al.] ; [tradução de] Celso Santista ; [revisado por] Douglas Ferreira. – São Paulo, SP: Editora Carisma, 2022.

224 p. ; 16 x 23 cm.

ISBN 978-65-84522-01-5

1. Teologia doutrinária. 2. Jacó Armínio. 3. História do século XVI . 4. História do século XVII . 5. Arminianismo. 6. Calvinismo. 7. Escolasticismo protestante. 8. Tomismo. I. Stanglin, Keith. II. Bilby, Mark. III. Mann, Mark. IV. Muller, Richard. V. Santista, Celso. VI. Ferreira, Douglas.

CDU: 224

Direitos de Publicação

© Abingdon Press, Keith Stanglin, Mark Bilb e Mark Mann, *Reconsidering Arminius*, Nashville 2014.

Esta edição em português foi licenciada com todos os direitos reservados para Editora Carisma, mediante permissão especial. De acordo com a Lei 9.610/98 fica expressa e terminantemente proibida a reprodução total ou parcial desta obra, por quaisquer meios (eletrônicos, mecânicos, fotográficos, gravação e outros), sem a prévia e expressa autorização, por escrito, de Editora Carisma LTDA, a não ser em citações breves com indicação da fonte.

Caixa Postal 3412 | Natal-RN | 59082-971
editoracarisma.com.br
sac@editoracarisma.com.br

Créditos

Direção Executiva: *Luciana Cunha*
Direção Editorial: *Renato Cunha*
Tradução: *Celso Paschoa*
Revisão: *Douglas Ferreira*
Capa: *Anderson Junqueira*
Ilustração/Capa: *José Luís Soares*
Inker: *J. P. Mayer*
Diagramação: *Marina Avila*

Composição Gráfica

Fonte: *Nocturne Serif*
Papel: *Pólen 70g/m²*

Edição

Ano: *2022*
Primeira edição
Impresso no Brasil

Em memória de Carl Bangs, que trouxe o **Harmenszoon*** *histórico de volta ao cenário acadêmico.*

Jacó Armínio, em neerlandês, era Jakob Hermanszoon (filho de Harmen).

SUMÁRIO

- 11   **Abreviações**
- 13   **Introdução** por Mark Mann e Mark Bilby

CAPÍTULO 1 por Richard Muller

Consagrado pelo sofrimento: o ofício de Cristo na teologia de Jacó Armínio

- 25   A abordagem de Armínio sobre o ofício de Cristo: tópicos e contextos
- 26   O ofício de Cristo: hipóteses básicas de Armínio
- 31   A imposição do ofício
- 36   O ofício profético
- 39   O ofício sacerdotal
- 45   O ofício real
- 47   Conclusões

CAPÍTULO 2 por Thomas McCall

Armínio foi um determinista involutário? Outra perspectiva da lógica modal de Armínio

51	**Introdução**
52	**A carta e sua análise**
55	**As alterações de Armínio**
58	**Análise posterior: um problema remanescente e uma solução sugerida**
60	**Certeza e necessidade, novamente**
67	**Conclusão**

CAPÍTULO 3 por Jeremy Bangs

Além de Lutero, Calvino e Armínio: os peregrinos e os remonstrantes em Leiden (1609-1620)

70	**1603-1608: James I, John Robinson e o nascimento dos peregrinos**
75	**1609: Armínio e Robinson são vizinhos em Leiden**
80	**1609 – 1613: Os protestos ingleses para o sucessor de Armínio em Leiden**
92	**1614-1619: A convocação inglesa para o separatismo e um sínodo holandeses**
104	**Conclusão**

CAPÍTULO 4 por Stephen Gunter
A perda [de contato] de Armínio com a teologia Armínio-Wesleyana

- 108   Armínio, o Remonstrante: do funeral de Armínio até Dort
- 116   Armínio, o Anglicano: platonismo de Cambridge e diluições latitudinarianas
- 120   Armínio, o Wesleyano: a recuperação parcial e a polêmica de John Wesley
- 126   Armínio, o Pelagiano: John Fletcher e a polêmica teologia metodista

CAPÍTULO 5 por Oliver Crisp
Jacó Armínio e Jonathan Edwards sobre a doutrina da criação

- 134   As ideias de Armínio sobre Deus e a Criação
- 143   As ideias de Edwards sobre Deus e a Criação
- 154   Conclusão

CAPÍTULO 6 por Jerome Kuiken
Convergência nas teologias "reformadas" de T. F. Torrance e Jacó Armínio

- 160   T. F. Torrance e a teologia reformada

161	Torrance sobre a natureza e o escopo da eleição e predestinação
165	Torrance sobre o escopo da expiação
167	Torrance sobre a lógica da graça
170	Armínio sobre a natureza e o escopo da eleição e predestinação
175	Armínio sobre o escopo da expiação
176	Armínio sobre a providência, a graça e o livre-arbítrio
179	Torrance e Armínio: uma avaliação da convergência [de ideias]

CAPÍTULO 7 por John Hicks

Armínio era um teísta aberto? A providência meticulosa na teologia de Jacó Armínio

190	Definindo a providência meticulosa
195	A negação da providência meticulosa pelo teísmo aberto
201	Armínio sobre a providência meticulosa
213	Conclusão

217	**Conclusão** por Keith Stanglin *A reavaliação da obra de Armínio: reflexões sobre o discurso teológico de Armínio e o atual para a Igreja Contemporânea*

ABREVIAÇÕES

AM	*The Arminian Magazine*, 20 v. (1778-1797)
C. Bangs	Carl Bangs, *Arminius: A Study in the Dutch Reformation*, rev. ed. (n.p: F. Asbury Press, 1985)
Dec. sent.	Arminius, *Declaratio sententiae* (1610)
Disp. priv.	Arminius, *Disputationes privatae, de plerisque Christianae religiones capitibus* (1614), em *Opera*, pp. 339-444; *Works*, v. 2
Disp. pub.	Arminius, *Disputationes publicae* (1610; Leiden, 2010), em *Opera*, pp. 197-338; *Works*, v. 2
Exam. Gom.	Arminius, *Examen thesium D. Francisci Gomari de praedestinatione* (Amsterdã, 1645), em *Works*, v. 3
Exam. Perk.	Arminius, *Examen modestum libelli, quem D. Gulielmus Perkinsius...* edidit (1612), em *Opera*, pp. 621-777; *Works*, v. 3
GCP	Richard A. Muller, *God, Creation, and Providence in the Thought of Jacob Arminius* (Grand Rapids: Baker, 1991)

Gunter	W. Stephen Gunter, *Arminius and His Declaration of Sentiments: An Annotated Translation with Introduction and Theological Commentary* (Waco: Baylor University Press, 2012)
JETS	*Journal of the Evangelical Theological Society (1969-?)*
Opera	Arminius, *Opera theologica* (Leiden: Godefridus Basson, 1629)
Stanglin e McCall	Keith D. Stanglin e Thomas H. McCall, *Jacob Arminius: Theologian of Grace* (Nova York: Oxford University Press, 2012)
Works	Arminius, *The Works of James Arminius: London edition*, trad. James Nichols e William Nichols, 3 v. (Grand Rapids: Baker, 1986)
YE	Jonathan Edwards, *The Works of Jonathan Edwards*, 26 v. (Yale University Press, 1957-2008)

INTRODUÇÃO

Reconsiderando Armínio: a reformulação de seu legado

Mark H. Mann e Mark G. Bilby

O revivalista e teólogo Aaron Merritt Hills foi um dos mais articulados e fervorosos defensores do Arminianismo nos Estados Unidos do final do século XIX e início do século XX. Ele foi criado como congregacionalista e, primeiramente, teve sua educação teológica sob a orientação de grandes revivalistas como Charles Finney e Asa Mahan, no *Oberlin College*. Depois, aprofundou-se na teologia da New Light, enquanto completava seus estudos de teologia em Yale. Prosseguiria até tornar-se um pastor bem-sucedido, além de evangelista, escritor e diretor de faculdade – antes de, finalmente, juntar-se ao grupo da Santidade Wesleyana e transformar-se em uma das principais vozes teológicas de sua época[1].

Hills concluiria sua carreira atuando como professor de teologia na Point Loma Nazarene University (à época, Pasadena College), em que foi conduzida uma conferência denominada *Rethinking Arminius*

---

[1] Para uma pesquisa recente sobre as ideias e a vida de Hills, veja C. J. Bransteter, *Purity, Power and Pentecostal Light: The Revivalist Doctrine and Means of Aaron Merritt Hills* (Eugene, Oreg.: Pickwick, 2012).

("Repensando Armínio") em março de 2012. Diversos capítulos deste livro foram extraídos das apresentações do evento referido. Mas não é simplesmente essa coincidente conexão institucional que faz de Hills um teólogo apropriado para iniciar este livro, e sim o que ele disse sobre Armínio em sua obra magna – *Fundamental Christian Theology*, em dois volumes – e o modo pelo qual seu trabalho oferece uma janela sobre o legado do Arminianismo – legado que essa coletânea de ensaios busca reformular[2].

Na conclusão do segundo volume de *Fundamental Christian Theology*, Hills inclui uma breve descrição de autores de importantes doutrinas cristãs, de modo a, segundo suas próprias palavras, servir para a "pesquisa rápida dos alunos"[3]. Curiosamente, das 14 pessoas listadas, a maior parte são hereges, incluindo Sabélio, Ário, Nestório, Eutiques e Socino. Hills ainda menciona Pelágio, e com uma certa compaixão, o que faz sentido sob a luz do curto texto que tem a dizer sobre Santo Agostinho. Finalmente, conclui suas reflexões dizendo que "Santo Agostinho criou a base do Calvinismo", e depois dispensa poucas palavras ao próprio Calvino: "desenvolveu o Calvinismo; queimou Serveto". Dizendo de outra forma, ele desconsidera Agostinho e Calvino – sem dúvida, dois dos maiores expoentes da igreja católica[4] – como merecedores de citação e, mais ainda, de suas ponderações.

O seu nítido desprezo pelo Calvinismo é ainda mais acentuado em outras partes de seu trabalho. Em uma discussão sobre a doutrina da eleição incondicional, Hill tem muito a dizer sobre o Calvinismo, mas só lhe atribui palavras negativas; para ele, "Esses adoráveis calvinistas", como às vezes os chama sarcasticamente, afirmam uma doutrina "absurda, que afronta a razão e blasfema contra Deus, tem influências maléficas e vai

---

[2] A. M. Hills, *Fundamental Christian Theology: A Systematic Theology*, 2 v. (Pasadena, Calif.: C.J. Kinne, 1931).

[3] Idem, 2:433-34.

[4] Nota do Editor: Por "maiores expoentes da igreja católica", o autor tem em mente o significado de "igreja universal" e não o catolicismo romano.

no sentido contrário ao das Escrituras"⁵. Em outra argumentação sobre a perspectiva calvinista da satisfação penal da expiação, igualmente diz palavras nada meritórias: "o surpreendente é que qualquer pessoa que reflita consegue aceitá-la"⁶. Hills fica especialmente incomodado com o fato de que alguém tão perspicaz como o grande Charles Hodge (que funciona como seu principal "bode expiatório" calvinista) conseguisse afirmar que a doutrina da satisfação penal da expiação fosse tanto ortodoxa como católica. Posteriormente – dessa vez, em uma discussão sobre predestinação –, Hills apresenta uma citação relativamente extensa sobre o que considera ser a perspectiva calvinista de Deus:

> Esse Deus decretou de forma imutável um Universo necessariamente tão repleto de maldades, e envolvendo o destino eterno, inevitável e desesperançoso de tantos imortais, que essa simples ideia suscita horror em qualquer pessoa de comportamento reto! A ideia geral é uma calúnia pecaminosa sobre Deus... Como esses grandes e bondosos homens não perceberam a *irracionalidade* e a *monstruosidade* dessa teoria é algo que não conseguimos entender.⁷

Hills conclui em seguida:

> Assim é o Calvinismo: a doutrina teológica mais incongruente, irracional, contraditória, que menospreza o homem e desonra a Deus, que já apareceu na tradição cristã. Ninguém consegue aceitar suas proposições contraditórias e mutuamente exclusivas sem experimentar uma autodegradação intelectual. Pois um teólogo pode enlear-se no

---

⁵ Idem, 2:152-64.
⁶ Idem, 2:76.
⁷ Idem, 2:139, original em itálico.

emaranhado de suas doutrinas e hipóteses opostas, numa tentativa vã de harmonizá-las, para depois admitir que as únicas tentativas viáveis de nos livrarmos das profundezas da teologia não passam de nossa mera ridicularização. Ela detém uma imagem centrada, egoísta, implacável e de tirania em Deus, e nos força a venerá-Lo... Graças a Deus, essa teoria [o Calvinismo] está acabando! Talvez o seu fim seja apressado. Quanto mais cedo ela acabar, melhor será para o reino de Deus aqui na terra e no céu.[8]

Hills claramente não media suas palavras, tampouco tinha qualquer paciência com as sutilezas das ideias daqueles a quem dirigia sua causticidade.

Esse tipo de polêmica encontrada na descrição de Hills do Calvinismo parece-nos excessivamente severa, e talvez possamos perdoá-lo, já que os calvinistas faziam alegações similares sobre o Arminianismo. Considere, por exemplo, o grande Charles Hodge – indiscutivelmente, o teólogo reformado mais significativo dos Estados Unidos desde Jonathan Edwards, e a principal voz da denominada "teologia de Princeton", que viria a definir o Calvinismo ortodoxo na América. Em seu ensaio mais sistemático do Arminianismo, *Arminianism and Grace*, sua tese central é a de que essa doutrina, "em seus princípios essenciais e sustentados, subverte a graça"[9]. O autor começa sua argumentação de forma gentil, alegando estar apenas respondendo às afirmações oficiais e injustas da Igreja Episcopal Metodista (por ele identificada como o "paládio" – a guardiã – do Arminianismo nos Estados Unidos) que considera exageradas, na esperança de ajudá-los a se tornarem "mais modestos em seus

---

[8] Idem, 2:148, 151.
[9] Charles Hodge, *Arminianism and Grace* (Toronto, James Bain, 1861), 6. Este folheto apareceu originalmente como um artigo, "Arminianism and Grace", *Princeton Review* 28, n. 1 (1856):38-59.

ataques ao Calvinismo"¹⁰. Embora observando que certos aspectos do Arminianismo Metodista são dignos de elogios – especialmente seus trabalhos entre os pobres e a habilidade de disseminar o Evangelho por um processo itinerante até regiões de outra forma inatingíveis –, o foco central de sua argumentação demonstra a extensão com que os arminianos tanto entendem erroneamente como representam de maneira inadequada a teologia Calvinista e, com isso, professam uma teologia indigna do Evangelho. Para ele, o Arminianismo está baseado em erros "ousados" e "perigosos", e preenchido com "absurdos monstruosos", além de fazer os insultos mais vis à decência, honestidade e à verdade¹¹. Talvez ainda pior, a teologia arminiana tem levado o Metodismo a "práticas maléficas" relacionadas ao revivalismo: desvio de fiéis e conversões falsas, pelas quais pessoas são "iludidas por mera empolgação emocional"¹². Ainda continua: "Não poderia ser de outra forma. O que é falso em seu sistema doutrinário e teoria religiosa deve gerar os piores frutos do mal, na exata proporção em que é proeminentemente apresentado e praticado"¹³.

A grande ironia dessas polêmicas discussões entre o Arminianismo e o Calvinismo nos trabalhos de Hodge e de Hills é a nítida ausência da principal figura que está no cerne da controvérsia – Jacó Armínio. Hodge apresenta um tratamento extensivo do trabalho de vários arminianos proeminentes, incluindo John Wesley, Wilbur Fisk e Richard Watson, mas jamais menciona, cita ou aborda as próprias ideias de Armínio, apesar do fato de a palavra Arminianismo aparecer com frequência na maioria das páginas. Para piorar essa perspectiva, Hills não se mostra muito melhor, embora mencione, aborde e cite diversos teólogos nos vários capítulos em que faz uma longa defesa do Arminianismo contra o Calvinismo (mais notavelmente Agostinho e Calvino), sem mencionar

---

¹⁰ Hodge, *Arminianism and Grace*, 5-6.
¹¹ Idem, 8-10.
¹² Idem, 31.
¹³ Idem.

ou citar uma vez sequer o nome de Armínio. Certamente, Hills teve algo a dizer sobre Armínio em seu apêndice: que ele foi um "verdadeiro mártir" e o fundador do Arminianismo, a teologia mais bem-sucedida da história[14].

Note, aqui, a profundidade da ironia. Hills claramente tem grande consideração por Armínio, tanto como fonte de suas próprias convicções teológicas mais brilhantes, como também com a espécie de papel de um mártir santificado semelhante a Cristo por este personificado. No entanto, as efetivas ideias e a vida de Armínio estão quase que totalmente ausentes no trabalho de Hill. Suas palavras aqui podem ser retóricas, mas não parece que Hills estivesse ciente de que Armínio não era de fato um mártir – mas que, contrariamente, morreria de tuberculose uma década antes de sua condenação no Sínodo de Dort. De fato, ao longo dos dois volumes de *Fundamental Christian Theology*, Hills menciona Armínio apenas três vezes e somente o cita uma vez[15]!

Devemos ter cuidado para não sermos exageradamente críticos ao falar de Hills ou Hodge pelo fato de não apontarem Armínio e sua teologia em suas defesas e/ou ataques sobre o Arminianismo. Na realidade, os dois autores observam meramente a norma relacionada a tais polêmicas, em vigor desde o início do século XVII até o final do século XX. Armínio, o homem, ou era um santo ortodoxo ou um vilão herege, a depender se a perspectiva era a de um arminiano ou de um calvinista. A sua teologia era essencialmente a que fora rejeitada em Dort e, posteriormente, reafirmada pelos arminianos desde então.

No entanto, a erudição contemporânea começou a pintar um retrato muito diferente sobre a vida e o pensamento de Armínio em relação ao perpetrado com base em estereótipos e caricaturas que emergiram de Dort.

---

[14] Hills, *Fundamental Christian Theology*, 1:310.

[15] Idem, 1:298.

À medida que o coeditor Keith Stanglin e o colaborador Tom McCall "brincaram" em seu ensaio de 2012 com o título *Jacob Arminium: Theologian of Grace* [Jacó Armínio: Teólogo da Graça], começamos a adquirir um maior entendimento de como são diferentes o "Armínio da fé" e o "Harmenszoon histórico". O ponto de inflexão decisivo para a reconsideração [do legado] de Armínio começa dentro dos círculos arminianos, com o artigo seminal de Carl Bangs intitulado *Arminius: A Study in the Dutch Reformation* [Armínio: Um Estudo sobre a Reforma Holandesa], de 1971. O trabalho de Bangs abriu novos horizontes para os estudos sobre Armínio, ao explorar mais detalhadamente o cenário em que ele vivia e sua própria vida, além de trazer particularidades sobre as sutilezas de seus pensamentos – aspectos que eram totalmente ignorados nas polêmicas entre os calvinistas e os arminianos. Ele, depois, demonstrou que grande parte do denominado legado arminiano não era tão explicitamente enraizado em sua teologia conforme previamente imaginado.

Desde a década de 1990, essa ideia começou a ecoar também dentro dos círculos reformados, especialmente graças ao trabalho do histórico teólogo Richard Muller. Ele não se baseava no fato de que certas características da teologia arminiana se distanciam da teologia calvinista e da teologia reformada predominante na época; no entanto, ao comparar os respectivos tratamentos de vários tópicos teológicos, Muller também exibe algumas afinidades profundas entre Armínio e seus contemporâneos da Reforma[16].

Muller ainda adverte contra a tendência de equiparar a teologia de Armínio ao Arminianismo, terminantemente condenado pelos teólogos da Reforma desde o Sínodo de Dort. Nos últimos anos, a reconsideração da teologia e do legado de Armínio tem continuado nos trabalhos de uma nova geração de estudiosos, incluindo vários colaboradores deste livro, como Keith Stanglin, Thomas McCall e W. Stephen Gunter. O trabalho mais recente dessa safra vem oferecendo novos insights sobre a vida e

---

[16] Ver, por exemplo, *GCP*.

os pensamentos de Armínio, inclusive com o acesso a trabalhos prévios não publicados e novas traduções de seus ensaios.

Foi para contribuir ainda mais com as reformulações da teologia e do legado de Armínio que os editores organizaram a conferência de 2012, "Rethinking Arminius: Wesleyan and Reformed Theology for the Church Today", e prepararam este volume. De fato, diversos capítulos deste livro buscam elucidar ainda mais a teologia do "Harmenszoon" histórico e esclarecer os caminhos que Armínio foi praticamente forçado a seguir nos bastidores, à época do Sínodo de Dort.

No primeiro capítulo, Richard Muller nos mostra um Armínio cuja teologia do tríplice ofício de Cristo estava firmemente inserida na teologia reformada predominante da época, e ainda antecipava alguns dos futuros desenvolvimentos na teoria reformada sobre esses tópicos. Em um veio similar, no capítulo dois, Thomas McCall mergulha em uma controvérsia relativamente recente quanto à questão se Armínio poderia ter sido, ou não, um "determinista involuntário". Ele conclui que a resposta seria negativa, mas nos revela um Armínio muito mais lógico e erudito do que vários de seus seguidores teológicos poderiam ter reconhecido. No capítulo três, Jeremy Bangs mostra que o pregador e peregrino John Robinson – que permanecera temporariamente em Leiden durante a tumultuada década de 1610 –, apesar da amizade com os principais líderes antiarminianos, compartilhava as visões arminianas sobre a provisionalidade das declarações dogmáticas humanas (tais como o Catecismo de Heidelberg e a Confissão Belga). Pela derrota desses líderes, Robinson poderia ter reconhecido os riscos da religião controlada pelo estado e do afunilamento da teologia a uma aliança com uma pessoa em particular (tal como Calvino). No capítulo quatro, W. Stephen Gunter traça o desaparecimento da soteriologia arminiana entre uma série de movimentos ou grupos que clamavam essa bandeira: os remonstrantes, os arminianos ingleses e até os arminianos-wesleyanos.

O complemento do título da conferência, *Wesleyan and Reformed Theology for the Church Today*, determina as etapas para a segunda metade do livro. Nos últimos quatro séculos, o legado de Armínio tem gerado muita discórdia: sob vários aspectos, o próprio nome Armínio abriu uma fissura na tradição teológica protestante que continua a dividir a Igreja até os dias atuais. Enquanto planejávamos a conferência, começamos a nos perguntar: se Armínio já havia sido mal compreendido tanto pela corrente armininiano-wesleyana como pelas tradições reformadas calvinistas, e se sua teologia poderia ser propriamente entendida como um desenvolvimento interno e não afastado da ortodoxia reformada, poderíamos considerá-lo como uma ponte em potencial, e não uma linha divisória entre as duas tradições nos dias de hoje?

Todos os três capítulos finais exploram essa possibilidade de diferentes formas. No capítulo cinco, Oliver Crisp compara Armínio a Jonathan Edwards – sob vários aspectos, o porta-voz do ressurgente Calvinismo de cinco pontos – sobre a doutrina da criação. Crisp surpreendentemente constata que a visão arminiana está muito mais alinhada com a ortodoxia reformada clássica do que com a de Edward.

De modo similar, no capítulo seis, E. Jerome Van Kuike compara a soteriologia arminiana à de T. F. Torrance – sem dúvida, um dos principais teólogos reformados do século XX – e constata algumas "convergências" espantosas entre as duas. As análises de Crisp e Van Kuike levantam a questão: se Edwards e Torrance são, de certo modo, os estandartes da teologia reformada atualmente, não haveria também critérios para considerarmos Armínio como um teólogo que tem algo a oferecer à teologia reformada contemporânea?

Finalmente, no capítulo sete, John Mark Hicks explora a questão do relacionamento de Armínio com o movimento do teísmo aberto contemporâneo. Conforme o autor observa, esse tem sido um movimento especialmente popular entre os que autodescrevem-se arminianos e que, em certo sentido, consideram seus trabalhos como um resultado lógico do obtido por Armínio. No entanto, não deixa de observar que, muito claramente, Armínio não era um teísta aberto e adotara um entendimento muito diferente da providência divina do que os dos principais proponentes dessa teoria. As incursões pela teologia histórica também ajudam a mostrar a razão pela qual o Arminianismo (Reformado) Clássico continua a ser uma opção ativa entre os que o adotam seriamente para a teologia construtiva e confessional dos dias de hoje. Desse modo, é possível que até mesmo leitores que se identifiquem com o teísmo aberto ou a teologia do processo descubram um precedente fascinante no tipo particular do Arminianismo defendido por Conrad Vortious (como Jeremy Bangs descreve em seu capítulo). Por um lado, essa coletânea representa um esforço dedicado a recuperar o "Harmenszoon" histórico e descobrir o potencial ecumênico contemporâneo da rigorosa teologia histórica focada em Armínio; por outro, ela também ajuda a traçar os diferentes tipos de Arminianismos que se desenvolveram ou ainda se desenvolvem – seja o Arminianismo Remonstrante Holandês ou o Anglicano Latitudinariano, o Arminianismo Restauracionista ou o Metodista/Wesleyano, o Arminianismo Clássico ou o Teísta Aberto. Se o teísmo aberto como autêntica expressão do Arminianismo é uma questão debatível, este volume ajuda a explicar por que esse fato faz jus a um debate.

O enigma dos vários Arminianismos também pode ser visto na própria vida de Carl Bangs, o pai da erudição arminiana contemporânea. Como Jeremy Bangs indicou em sua apresentação na conferência, seu pai foi admitido em um programa de doutorado na Universidade de Chicago com o projeto de estudar teologia do processo. Ao iniciar o curso, coincidiu com a chegada de um novo orientador, Jaroslav Pelikan, que estimulou o aluno Bangs (ligeiramente mais velho!) a continuar com a pesquisa sobre Armínio que havia feito para sua tese de bacharelado no Nazaren Theological Seminary. Durante e após a conclusão de sua dissertação (*Arminius and Reformed Theology*), em 1958, as afinidades de Bangs em relação à teologia do processo jamais diminuíram, embora, no restante de sua vida, seu trabalho acadêmico fosse centrado na teologia histórica e nas biografias históricas.

Sob muitos aspectos, este livro é uma consequência da vida e do trabalho de Carl Bangs. Ele inspirou, em seu próprio filho Jeremy, suas afinidades para com a teologia do processo, bem como para com o trabalho do filho sobre a história holandesa dos séculos XVI e XVII – e, posteriormente, a história dos peregrinos americanos em Leiden.

O coeditor Mark Bilby foi professor assistente de Carl Bangs. A influência deste atingiu vários outros alunos e colegas durante os anos em que lecionou na Saint Paul School of Theology, na Nazarene Theological Seminary, na Olivet Nazarene University e na Universidade de Leiden. Entre nossos editores e colaboradores, os de tradições anglicana, metodista e da santidade wesleyana certamente sentiram-se inspirados por Bangs.

No entanto, a influência de Carl Bangs ultrapassou os limites dos cenários denominacionais em que passou a maior parte de sua vida trabalhando. Seu trabalho teve impacto em integrantes das tradições reformada (incluindo Richard Muller e Oliver Crisp) e restauracionista (incluindo Keith Stanglin e John Mark Hicks) – sem contar, em uma escala mais ampla, os acadêmicos da teologia histórica dos séculos XVI e XVII.

Esse impacto não brota tanto de um amplo esforço por parte de Bangs de fazer teologia ecumênica. Mais do que isso, ela representa os frutos de uma cuidadosa erudição histórica. Bangs fez uma imersão intensiva no estudo da cultura, língua e história holandesa dos séculos XVI e XVII. Ele pesquisou textos de fontes primárias não utilizadas, ou previamente desconhecidas, rebuscando material em porões de casas (!) e em livrarias de todo canto da Europa para encontrar tesouros acadêmicos relacionados a Armínio. Além da consideração por seu tópico principal, ele pesava as evidências com bastante cuidado e recusou ser desviado pelos tipos de estereótipos de Armínio – quer positivos ou negativos – que acendiam mais polêmicas. Além disso, ficava prontamente aborrecido pelo uso casual do nome de Armínio, seja para elogiá-lo ou caluniá-lo, por pessoas que jamais se ocuparam em ler seus trabalhos. Por um lado, praticava a erudição na missa da igreja e, por outro, não permitia que suas conclusões acadêmicas fossem predeterminadas por qualquer denominação em particular ou pela declaração estrita de alguma crença.

De forma resumida, Carl Bangs foi um talentoso historiador da Igreja. A conferência *Rethinking Arminius* ("Repensando Armínio"), realizada dez anos após sua morte (em 7 de julho de 2002), foi dedicada à sua memória, da mesma forma que este volume o é: os editores esperam que ele também consiga honrá-lo apropriadamente.

CAPÍTULO 1

Consagrado pelo sofrimento: o ofício de Cristo na teologia de Jacó Armínio

Richard A. Muller

A ABORDAGEM DE ARMÍNIO SOBRE O OFÍCIO DE CRISTO: TÓPICOS E CONTEXTOS

A doutrina do tríplice ofício de Cristo não era um tópico muito debatido entre os teólogos protestantes do início da Idade Moderna, ainda que várias questões praticamente subordinadas, tais como a extensão de sua satisfação, fossem intensamente pesquisadas. Embora sua formulação básica e a subsequente proeminência como um tópico doutrinal nas *Loci communes*, das agrupadas *Disputationes*, e das *Instituições* teológicas da era, pudessem provavelmente ser traçadas até a edição final das *Institutas* de Calvino, o conceito do ofício de Cristo e, ainda, sua divisão sob os títulos de profeta, sacerdote e rei, não se deviam originalmente a Calvino e, de fato, detinham um longo histórico no pensamento da Igreja, retroagindo a eras tão distantes como a de Eusébio de Cesareia no início do século IV[17]. A doutrina do tríplice ofício de Armínio se enquadra adequadamente no desenvolvimento pós-Reforma, além de fornecer a base para lançar um pouco de luz na questão perenal de sua relação com a tradição reformada.

O OFÍCIO DE CRISTO: HIPÓTESES BÁSICAS DE ARMÍNIO

A Natureza da Religião, Aliança e o Ofício de Cristo

O entendimento de Armínio sobre a doutrina do tríplice ofício de Cristo era amplamente inquestionável. A única exceção em suas afirmações é um indício de subordinação[18] do Filho em relação ao Pai, a respeito da imposição do ofício de Cristo e sua consagração a este ofício, embora nem o discurso de Armínio para o ofício sacerdotal de Cristo nem suas disputas sobre o ofício de Cristo gerassem o debate, tampouco fossem nele referidos[19].

Entretanto, mais significativas do que o elemento potencialmente controverso, há as conexões desenhadas por Armínio entre o relacionamento fundamental de Deus e dos seres humanos (essencial à religião),

---

[17] Assim, Eusébio de Cesareia, *Ecclesiastical History*, LIII, especialmente em LIII.19. Note também que a doutrina do tríplice ofício havia sido fortemente expressa entre os reformados antes de Calvino, por Martin Bucer. Ela, em uma forma indiscutivelmente buceriana, foi também central ao trabalho de Pierre Viret, colaborador na Cristologia de Calvino. Para o histórico da doutrina, veja E.F.K. Muller, s.v. "Jesus Christi dreifaches Amt", em *Realencyclopadie der classischen Altertumswissenschaft* 8, col. 733-41; note a discussão bastante derivativa em John Frederick Jansen, *Calvin's Doctrine of the Work of Christ* (Londres: James Clarke, 1956), 26-32.

[18] Nota do Editor: Para uma refutação a acusação de subordinacionismo em Armínio cf: PICIRILLI, Robert E., Arminus and Deity of Christ. Disponível em: <https://biblicalstudies.org.uk/pdf/eq/1998-1_051.pdf >, acesso em: 02 out. 2020.

[19] Compare Richard A. Muller, "The Christological Problem in the Thought of Jacobus Arminius", *Nederlands Archief voor Kerkgeschiedenis* 68 (1988):150-152.

a identificação fundamental da verdadeira religião como pactual[20] e as funções básicas desse tipo de religião – a profética, a sacerdotal e a real –, que prenunciam as necessidades tanto da mediação de Cristo como de seu tríplice ofício na condição de profeta, sacerdote e rei.

Esse aspecto pactual essencialmente proeminente da Cristologia de Armínio é evidente em suas obras *Oration on the Priesthood of Christ* e *Public Disputation*. Isso coloca-o em uma relação significativa com os desenvolvimentos da teologia reformada de sua época, especialmente no que concerne à doutrina do *pactum salutis* ou à aliança eterna de redenção entre o Pai e o Filho – relacionamento esse observado por, entre outros, Williams Ames e Herman Witsius[21].

O discurso sobre o ofício sacerdotal de Cristo começa com uma série de observações gerais que Armínio identifica como sendo necessárias para o entendimento da atribuição de Cristo como tal, e que fornecem a base para se entender aspectos de outros papéis – notadamente, o real e o profético.

O relacionamento subsistente entre Deus e os homens começa essencialmente com um ato divino, que envolve algo concedido por Deus e recebido pelos homens. No entanto, o que também se requer para que esse seja um relacionamento completo é a resposta humana – especificamente, um ato que tem seu "início" (*initium*) nos homens e seu final em Deus. A linguagem aqui reflete a definição padrão da religião encontrada na teologia protestante da época de Armínio, ou

---

[20] O pensamento pactual de Armínio é o tema de dois estudos, Richard A. Muller: "The Federal Motif in Seventeenth Century Arminian Theology", *Nederlands Archief voor Kerkgeschiedenis* 62, no.1 (1982):102-22; e Raymond A. Blacketer, "Arminus' Concept of Covenant in its Historical Context", *Nederlands Archief voor Kerkgeschiedenis* 80, n. 2 (2000):193-220; nenhum deles explora em detalhes o inter-relacionamento do conceito pactual com a doutrina do ofício de Cristo. F. Stuart Clark, *The Ground of Election: Jacob Arminius' Doctrine of the Work and Person of Christ*, Studies in Christian History and Thought (Milton Keynes, Reino Unido: Paternoster, 2006), 51-60, aborda efetivamente os termos pactuais usados na discussão de Armínio sobre o ofício sacerdotal, mas não tenta explicar o contexto dessas formulações.

[21] Veja Richard A. Muller, "Toward the Pactum Salutis: Locating the Origins of a Concept", *Mid-America Journal of Theology* 18 (2007):12-13.

seja, o vínculo entre Deus e a raça humana que consiste no verdadeiro conhecimento e adoração e que, em sua própria afirmação resumida, aponta que "a religião é o dever de um homem em relação a Deus", conforme definido pela palavra de Deus e exercitado na adoração[22].

Em outras palavras, os seres humanos deveriam reconhecer o ato divino e responder com gratidão. Essa gratidão é uma dívida com Deus, a ser paga conforme o pedido e determinado por Ele, enquanto quem concedeu a dádiva. Todavia, Deus tem também, na bondade e na generosidade (*benignitas*), estabelecido esse relacionamento para agir e responder como uma "parte mútua" da aliança[23]. A aliança é tal que Deus primeiro manifesta o Seu comprometimento com a humanidade antes de os seres humanos começarem a considerar, em seus próprios termos, que estão comprometidos com Deus.

Aqui, novamente, além dos significativos paralelismos e pontos comuns entre o pensamento de Armínio sobre a aliança e as teologias reformadas em desenvolvimento de sua época, podemos ter uma pista dos argumentos que, posteriormente, iriam separar a teologia arminiana da de seus colegas reformados. Nos lugares em que um grande número de escritores reformados declarava que, dada a onipotência divina e a absoluta liberdade de Deus em conceder uma boa existência a suas criaturas, Ele não teria nenhuma obrigação com a criação e certamente não consideraria ter Seu poder limitado pela existência da ordem criada, Armínio discordava, talvez refletindo sobre um entendimento da linguagem tradicional da "potência ordenada" (*potentia ordinata*) – sem deixar de argumentar que o ato da criação era, em si, limitante, e que o direito divino sobre as criaturas era definido e delimitado pelo ato de criação. Este, por sua vez, é a base do direito de Deus em exigir a religião

---

[22] *Disp. priv.*, V.1, 3-5, citado de *Opera*, 11. Compare Richard A. Muller, *Post-Reformation Reformed Dogmatics: The Rise and Development of Reformed Orthodoxy*, ca. 1520 a ca. 1725, 4 v. (Grand Rapids: Baker, 2003), 1:168-70.

[23] Arminius, *De Sacerdotio Christi*, em *Opera*, 11; *Works*, 1:406.

dos seres humanos²⁴, e de assumir essa religião, totalmente entendida, a forma de uma aliança.

Ainda, na definição básica de Armínio para aliança é muito adaptável às abordagens reformadas da era. Armínio discute que todos os compromissos entre Deus e os seres humanos têm dois elementos ou partes fundamentais: há uma "promessa anterior de Deus pela qual Ele se compromete a executar um ofício (*officium*) e os atos correspondentes a isso para os seres humanos", e uma "prescrição subsequente do ofício (*officium*) que é estipulada em retorno para os seres humanos e através da qual estes respondem mutuamente a Deus"²⁵. A estipulação, ou obrigação, é que aqueles a quem a aliança é proposta tornam-se o povo de Deus, vivem de acordo com seus mandamentos e esperam receber suas bênçãos. A promessa divina é a de que Deus seria, para o povo, tanto Deus como rei – o que apropriadamente descartaria os deveres do rei humano e distribuiria bênçãos àqueles que obedecessem aos mandamentos.

"Associadas à lei divina, referente aos deveres do rei e às bênçãos a ser concedidas", continua Armínio, "há duas funções primárias concernentes a essa aliança e exigidas do povo de Deus": uma função primária é real e está relacionada à aceitação da suprema autoridade de Deus, e a outra é religiosa e referente à submissão devotada a Deus²⁶. Agora, Armínio fala das funções pertencentes à comunidade da aliança e não meramente de seu(s) ofício(os) divino(s). Além disso, dado que o problema da queda ainda não foi introduzido e que o autor adota uma aliança tanto pré-lapsariana como pós-lapsariana, essas funções ou ofícios religiosos estão inseridas no tecido da própria criação.

---

[24] *Disp. priv.*, XXIV.13; compare Richard A. Muller, "God, Predestination, and the Integrity of the Created Order: A Note on Patterns in Arminius' Theology", em *Later Calvinism: International Perspectives*, ed. W. Fred Graham, Sixteenth Century Essays & Studies (Kirksville, Mo.: Sixteenth Century Journal Publishers, 1994), 431-46.

[25] Arminius, *De sacerdotio Christi*, 11; *Works*, 1:406; compare similarmente Junio, *Theses Leidenses*, XXV.6; e Franciscus Gomarus, *Disputationes theologicae*, XIII.29, em Franciscus Gomarus, *Opera theologica omnis, maximan partem posthuma* (Amsterdã: Joannes Janson, 1664), pt. 2.

[26] Arminius, *De sacerdotio Christi*, 11; *Works*, 1:1406.

Os ofícios reais e religiosas (ou sacerdotais) nascem diretamente do relacionamento pactual (*ex foederatione*): sob o ofício real, o povo de Deus se engaja em agradecer e fazer pedidos para a autoridade; sob a função religiosa, as pessoas do povo seguem seus clamores pela graça da santificação e, constituídos como sacerdotes de Deus, ministram os cultos de ofertar dons (ofertas pacíficas). Armínio ainda inclui a função profética, se bem que como subconjunto da função real, dado que a profecia "não passa de um anúncio do desejo do rei"[27]. Todas as três funções nascem diretamente da aliança. Há, também, um precedente nas atividades religiosas dos antigos patriarcas para a união das funções sacerdotal e real – uma união que fica mais clara na figura de Melquisedeque[28].

Armínio também é muito claro ao notar a imperfeição e a total insuficiência dos decretos históricos dessas funções, em face do "pecado" de toda a raça humana personificado em Adão. Havia uma vontade constante e perpétua de Deus no sentido de que a aliança e a observância religiosa pudessem ser mantidas. Ele identifica Adão como o primeiro ser humano e o [primeiro] sacerdote – e, em ambas capacidades, o representante mundial da raça humana[29]. A queda de Adão não apenas rompe a aliança com Deus, mas também o deixa, assim como todos seus descendentes, aprisionado no pecado – além de ter também maculado a observância religiosa e destituído a humanidade do direito de obter uma função sacerdotal apropriada[30].

O argumento, agora, assume um pano de fundo significativo na leitura da narrativa de Gênesis: Adão não foi apenas o primeiro ser humano, mas também o primeiro sacerdote. Isso se relaciona com o antigo entendimento das árvores no jardim como sacramentais e como os pontos focais da observância religiosa na economia original antes

---

[27] Idem; *Works*, 1:407.
[28] Idem, 12; *Works*, 1:407-9.
[29] Idem; *Works*, 1:409.
[30] Idem, 12-13; *Works*, 1:409.

da queda. Além do mais, dado o paralelismo paulino entre Adão e Cristo, não era de todo curioso que Armínio desenvolvesse esse ponto e o incorporasse em um argumento que o levaria à identificação do ofício de Cristo, especialmente em seu aspecto sacerdotal, como o necessário cumprimento do plano de Deus para a religião humana.

A IMPOSIÇÃO DO OFÍCIO

Vários pontos podem ser observados aqui, particularmente com referência à linguagem do chamado e da imposição. Primeiro, quando Armínio relaciona o chamado de Cristo a uma imposição do ofício, não está fazendo uma divisão do tópico em dois atos distintos: chamado e imposição; intencionalmente, ele está utilizando os dois termos como identificação do mesmo ato. E mais: a linguagem de Armínio faz referência ao Cristo divino, bem como à sua natureza humana; nessa linha, o chamado pode estar se referindo mais claramente à humanidade de Cristo. Nos dois casos, Armínio refere-se consistentemente à pessoa integral de Cristo, constituída como Mediador e, assim, tanto divina como humana, considerada na economia da salvação. Mesmo quando se refere às funções do Pai e do Filho na constituição do ofício sacerdotal, Armínio faz referências consistentes ao Filho como Cristo e Mediador, e não como a segunda pessoa da Trindade na eternidade[31].

Além disso, a linguagem da imposição aponta duas direções. De um lado, especificamente com referência à imposição do ofício, Armínio oferece uma reflexão distintamente pactual na obra *Oration on the Priesthood of Christ* – reflexão essa observada entre os escritores reformados do século XX (e, notadamente, William Ames) como uma antecipação significativa da doutrina do *pactum salutis*, ou pacto da redenção, que se tornou proeminente entre os reformados no início da

---

[31] Compare Idem, 14-15; *Works*, 1:412-15; com Armínio, *De objeto theologiae*, em *Opera*, 34; *Works*, 1:334-335.

quarta década do século XVII³². Por outro lado, há um acento um tanto subordinado na linguagem da imposição, carregado muito claramente na posterior teologia remonstrante – em especial, a de Philip van Limborch³³. Armínio elaborou essas questões em uma série de comentários sobre a imposição do ofício de Cristo.

Há três partes da discussão sobre a imposição desse ofício. O terceiro ponto – o modo de imposição (*impositio*), ordenação (*iniunctio*) ou promessa (*suspectio*) –, remete Armínio ao tópico da aliança, visto que o sacerdócio levítico do Antigo Testamento fora imposto por Deus sob a forma de uma aliança, descrita em Malaquias 2.5 (AT) da seguinte forma: "A minha aliança foi uma aliança de vida e paz com ele" (*Pactum meum est cum illo vitae & pacis*). Podemos levantar a hipótese de que a escolha do *pactum* por Armínio é explicada pela seguinte declaração, que a aliança inaugurando o sacerdócio de Cristo era um tipo particular de aliança, ou seja, um confirmado pelo "juramento" (*juramentum*)³⁴.

Independentemente do caso, a exemplo de vários dos primeiros autores reformados, Armínio de fato defendia uma relação pactual básica entre Deus, especialmente na qualidade de Pai, e Cristo, como mediador. Ainda de acordo com a tendência geral do pensamento reformado dessa época, ele identificou isso como um *pacto*, e não como um tratado. Ames similarmente definiu o chamado (*vocatio*) de Cristo a seu ofício como "a ação (*actio*) de Deus, preeminentemente do Pai, pela qual uma

---

[32] Compare William Ames, *Rescripitio scholastica & brevis ad Nic. Grevinchovii responsum illud prolixum, quod opposit dissertationi de redemptione generali, & electione ex fide praevisa* (Harderwijk:Nicolas à Wieringen, 1645), LIII (5): Herman Witsius, *De economia foederum Dei cum hominibus, libri quatuor* (Leeuwarden: J. Hagenaar, 1677; segunda edição, 1685), II.II.16; e veja Muller, "Toward the *Pactum Salutis*", 11-65.

[33] Philip van Limborch, *Theologia christiana ad praxin pietatis ac promotionem pacis christian unice directa* (Amsterdã: Henricus Weststenius, 1686), III.XV, XVIII (243, 257); compare Robert S. Franks, *The Work of Christ: A Historical Study of Christian Doctrine*, 2ª ed. (Londres: Thomas Nelson, 1962), 380, 382.

[34] Arminius, *De sacerdotio Christi*, 16; *Works*, 1:416.

aliança especial (*singulari quodam pacto*) sendo inaugurada, o Filho foi destinado a seu ofício"³⁵.

Esse relacionamento pactual entre Deus, o Pai, e Cristo, o mediador, claramente foi de considerável importância para Armínio, pois também se referiu a esse conceito em um de seus outros discursos inaugurais em Leiden, a *Oration on the Object of Theology*, e, mais uma vez, em uma de suas *Private Disputations*. No primeiro, Armínio expõe a necessidade de uma nova e graciosa aliança, possibilitada pela "intervenção de um mediador", e identifica Cristo como o mediador "indicado", que "obedientemente executa o ofício imposto pelo Pai"³⁶. No início desse mesmo trabalho, Armínio comenta ser necessário ter fé em Cristo não somente com base no decreto de Deus (*ex decreto Dei*) mas também na promessa (*ex promissione*) feita por Cristo ao Pai, especificamente com base no pacto (*ex pacto*) firmado entre eles³⁷. Por parte de Deus, o Pai, a aliança consistia na exigência de um ato e em uma promessa de recompensa. Por parte de Cristo, como sacerdote, ela consistia na aceitação da promessa e em uma posterior oferta ou promessa para executar o ato. Conforme indicado posteriormente por Armínio, esse ato seria necessariamente puro e voluntário"³⁸.

Na obra *Private Disputations*, o trabalho redentor de Cristo na condição de sacerdote e rei é definido como sendo "constituído" por Deus, tornando-se efetivo entre os seres humanos pela performance correta da religião. Dessa forma, em seu trabalho *Oration on the Priesthood of Christ*, Armínio entende a religião como pactual e, em *Private Disputations,* defende especificamente a existência de um comando divino para adorar corretamente, conforme possibilitado pelo trabalho de Cristo, que é apresentado como um pacto contendo estipulações e promessas³⁹.

---

³⁵ Ames, *Medulla theologiae* (Londres: Robert Allott, 1630), I.XIX.4.d.
³⁶ Arminius, *De objeto theologiae*, 34; Works, 1:334-35.
³⁷ Idem, 38; *Works*, 1:343.
³⁸ Arminius, *De sacerdotio Christi*, 16; *Works*, 1:416-17.
³⁹ *Disp. priv.*, XXXV3, XXXVII.2.

Essas estipulações e promessas entre Deus e os crentes em sua aliança da graça, ou "nova aliança", refletem o que Armínio também indicara sobre a aliança ou pacto entre o Pai e Cristo como mediador. Consequentemente,

> [...] a estipulação por parte de Deus e Cristo é que Deus será Deus e o Pai em Cristo, não só no nome como pela ordem de Deus, se [a pessoa] ela reconhece Cristo como seu Senhor e Salvador, ou seja, se ela acredita em Deus por intermédio de Cristo e em Cristo, e se ela oferece amor, adoração, honra, temor e completa obediência como prescrito.⁴⁰

Além disso,

> a promessa por parte de Deus, o Pai, e de Cristo é que Deus será o Deus e Pai, e que Cristo, pela administração de suas funções reais e sacerdotais, será o Salvador daqueles que têm fé em Deus, o Pai, e em Cristo, e que oferecem a fé e a obediência em Deus, o Pai, e em Cristo, ou seja, que aceitam a performance da função religiosa, e a recompensarão.⁴¹

Armínio aborda o tópico a partir de uma perspectiva mais tradicional, geralmente seguida nos círculos reformados, de reproduzir o argumento ansélmico básico sobre a necessidade de um mediador divino-humano – com pouquíssimas variações. Em resumo, o maior sacrifício requerido para a salvação seria necessariamente realizado por uma única pessoa e, na forma adotada pela alegação de Armínio, o movimento da figura ou do tipo da realidade total requeria que essa mesma pessoa fosse "ao mesmo tempo sacerdote e sacrifício"⁴². O sacerdote e o sacrifício

---

⁴⁰ Idem, XXXIX.4.
⁴¹ Idem, XXXIX.5.
⁴² Armínio, *De sacerdotio Christi*, 15; *Works*, 1:414.

necessitariam ser humanos de modo a expiar corretamente os pecados dos seres humanos, mas nenhum ser humano poderia executar esse ato, em face do estado pecaminoso da raça humana e da incapacidade de os pecadores se equipararem diante de Deus em qualquer capacidade.

Portanto, na sabedoria divina, o mediador era decretado como sendo aquele que "nascera semelhante a uma pessoa pecadora, mas sem pecado". Contudo, a dignidade desse papel era tão grande que "mesmo o homem em seu estado mais puro" seria incapaz de realizar a tarefa: "Assim, a Palavra de Deus, que desde o início estava com ele, e por quem os mundos, e todas as coisas visíveis e invisíveis, foram criadas, deveria se tornar sua própria carne para Deus como um sacrifício para a vida"[43]. A pessoa capacitada para a tarefa, portanto, é "Jesus Cristo, Filho de Deus e do homem", e é com ele que Deus, o Pai, firma essa especial aliança de redenção[44].

Quando agrupadas, essas formulações oferecem certa indicação do caminho relativamente não usual em que Armínio construiu o problema do relacionamento de Cristo, tanto para o decreto da aliança como para o decreto divino – o que nos leva para o segundo tópico, ou seja, as implicações da linguagem de Armínio sobre a imposição do ofício distinto da "designação" ou "ordenação". Essa terminologia também marca um ponto de consistência significativo nas formulações de Armínio: de seus comentários iniciais sobre o tópico em seu discurso até suas discussões posteriores sobre o tópico, Armínio manteve a linguagem da imposição do ofício. Em contraste, em sua discussão inicial sobre o tópico, Gomaro, ecoando Ursino, havia utilizado a palavra "ordenação" para identificar o "apontamento" de Cristo (com referência a Mateus 17.5) como a ordenação do Filho de Deus para os papéis mais supremos de profeta, sacerdote e rei[45].

---

[43] Idem, 16; Works, 1:415.

[44] Idem; Works, 1:415-16.

[45] Franciscus Gomarus, *Disputationum theologicarum decima-nona, de officio Christi: quam...praeside Francisco Gomaro...publice examinandam proponit Renatvs Textor...25 de*

A implicação dessa diferença de terminologia é esclarecida pelo paralelismo na doutrina da predestinação de Armínio – especificamente em sua definição do primeiro decreto absoluto de Deus, pelo qual foi estipulado indicar seu Filho, Jesus Cristo, para ser o mediador, redentor, salvador, sacerdote e rei que poderia acabar com o pecado por sua própria morte, caso sua obediência obtivesse a salvação que havia sido perdida, a fim de que pudesse transmiti-lo por sua própria virtude[46]. Aqui, novamente, o foco é no Cristo Mediador e não no Filho como segunda pessoa da Trindade, ou numa distinção entre as duas naturezas de Cristo. Em ambos os locais, Armínio aborda consistentemente a questão da mediação.

Na discussão da imposição do ofício, a pessoa citada é a pessoa divina-humana do mediador e, na definição similar do decreto, a pessoa divina do Filho somente é citada em relação ao seu trabalho encarnado como mediador. A partir da perspectiva reformada contemporânea, o problema com essa linguagem não era tanto com o que estava presente na definição, mas sim com o que estava ausente, ou seja, uma insistência na coigualdade do Pai e do Filho como Deus na fundação ou no ato de decretar a salvação da humanidade.

O OFÍCIO PROFÉTICO

Em sua obra *Public Disputation*, Armínio discute cada um dos ofíciode acordo com o mesmo padrão quádruplo de exposição. Primeiro, ele afirma que o ofício, conforme imposto, pertence a Cristo; depois, explica a natureza (*qualitas*) do ofício; em terceiro lugar, delineia suas funções ou performance (*functiones*) e a confirmação (*confirmatio*); por último,

---

junho de 1603 (Leiden: Ioannes Patius, 1603), II; compare Zacharias Ursinus, *Explicationum catecheticarum, editio altera* (Cambridge: Thomas Thomasius, 1587), 366.

[46] *Dec. sent.*, em *Opera*, 119; *Works*, 1:653; compare *Disp. priv.*, XIX.6., em *Opera*, 357; *Works*, 2:245-46.

discute o resultado (*eventus*) do ofício⁴⁷. Desde uma perspectiva formal ou metodológica, essa análise e essa divisão cuidadosas sobre o assunto pertencem à linha escolástica da *disputation*. Em outras palavras, Armínio fundamenta as funções ou os atos na identificação anterior do objeto e de sua natureza, e os efeitos ou resultados nas funções ou nos atos gerados pela própria natureza. Deve-se notar que esse modelo de imposição, natureza, função e confirmação, além de resultado ou consequência, também é conduzido na teologia de Limborch⁴⁸.

O Messias, Cristo, era o futuro Profeta prometido aos anciãos no Antigo Testamento⁴⁹. Armínio lista várias profecias extraídas das falas de Moisés em Deuteronômio: "O Senhor, seu Deus, fará com que do meio de vocês, do meio dos seus irmãos, se levante um profeta semelhante a mim; a ele vocês devem ouvir" (Dt 18.15), até as profecias de Isaías – entre elas, "[...] e farei de você mediador da aliança com o povo e luz para os gentios (Is 42.6b). Esses textos foram cumpridos em Cristo, que, posteriormente citando Isaías, diz: "Hoje se cumpriu a Escritura que vocês acabam de ouvir" (Lc 4.21b). Mais importante ainda é que Cristo foi claramente chamado por Deus para o ofício profético, conforme Isaías previra: "O Espírito do Senhor Deus está sobre mim, porque o Senhor me ungiu" (Is 61.1)⁵⁰.

A natureza do ofício deverá ser entendida desde o chamado de Cristo e da "imposição" divina deste, a preparação (*instructio*) para o ofício, e a assistência divina que lhe é prestada, mas também desde a aprendizagem (*doctrina*) apresentada por Cristo⁵¹. Seu chamado, ou o seu envio (*missio*), foi aprovado por Deus com os sinais da abertura dos céus, da descida do Espírito sob a forma de uma pomba e da voz de Deus, o Pai. A preparação de Cristo para o ofício era, além disso, mais elevada do que a dos profetas

---

⁴⁷ *Disp. pub.*, XIV.5.
⁴⁸ Compare Limborch, *Theologia Christiana*, III.XV, XVI, XVII (243, 245, 251).
⁴⁹ Disp. pub., XIV.6.
⁵⁰ Idem.
⁵¹ Idem, XIV.7; compare Disp. priv., XXXVI.3.

do Antigo Testamento, dado que não era conseguida por meio de sonhos ou visões, visitas de anjos ou mesmo comunicação verbal, mas sim pela "clara visão de Deus" e por um conhecimento íntimo [*intimum intuitum*] de seus segredos, suportados pela presença contínua do Espírito Santo, conforme testemunhado pelo Evangelho de João[52].

Além dos indicadores da natureza e do caráter do ofício profético de Cristo, permanece o "objeto" de seu ofício, reconhecido pela "excelência do aprendizado" (*Doctrinae excellentia*), pois, em seu ofício profético, Cristo não promulga leis, seja como uma promessa de salvação àqueles que seriam capazes de pagar suas dívidas com Deus ou como a confirmação do pecado e da condenação. Tampouco o ofício de Cristo era meramente o anúncio de uma graciosa promessa de retidão e salvação para os crentes, como fora dado a Abraão: o ofício de Cristo, em vez disso, anunciava o Evangelho em si e, de fato, apresentava (*exhibuit*) a graça e a verdade do Evangelho como o fim da lei e o cumprimento da promessa[53].

Aqui, há um ponto em comum e uma diferença entre a definição de Armínio e a abordagem de seus contemporâneos reformados. As definições de Gomaro e Ursino sobre o ofício profético similarmente indicam a revelação da vontade redentora de Deus em relação à humanidade pela pregação externa do Evangelho, acompanhada da iluminação interior e da eficácia do ensinamento[54], mas, no que a definição de Armínio apontava unicamente para os fins soteriológicos ou objetivos do ofício, a definição de Gomaro (talvez esperadamente, dada a tendência supralapsariana de seu pensamento), observava esses fins como coadjuvantes ou subordinados ao fim mais elevado – a saber, a glória de Deus[55].

---

[52] Disp. pub., XIV.7, citando João 1:18.

[53] Idem, compare Disp. priv., XXXVI.2.

[54] Ursinus, *Explicationum catecheticarum*, 370; Franciscus Gomarus, *Disputationum theologicarum quarto repetitarum decima-nona de officiis Filii Dei incarnati... sub tutela F. Gomari... propugnare conabor Daniel Guerinellus...*9 de novembro de 1605 (Leiden: Ioannes Patius, 1605), VII.

[55] Gomarus, *Disputationum...de officiis Filii Dei incarnati* (1605), v.

Bucano, similarmente a Armínio, afirmava que o objeto do ofício profético de Cristo não era a lei, e sim o Evangelho, mas o primeiro prosseguiria para acabar definindo o Evangelho como a revelação do "conselho secreto do Pai em relação à redenção da humanidade, pela Palavra, o Espírito Santo e os sacramentos, tanto por Ele próprio como também por seus ministros da Palavra"[56]. Em ambos os casos – seja a estrutura mais casual da definição de Gomaro ou a abordagem trinitariana encontrada na definição de Bucano do ofício –, há uma correlação com a tendência reformada de se referir ao ofício da segunda pessoa da Trindade em termos definitivos, quando comparada à tendência mais subordinada da linguagem de Armínio.

Há também uma conexão significativa observada por Armínio entre os ofícios sacerdotal e profético. O efeito ou resultado do ofício profético de Cristo foi a conversão de um pequeno número de ouvintes e a rejeição de seus ensinamentos por um grande número de pessoas, o que levou à sua condenação, crucificação e morte. Visto que Deus previra tal resultado, Armínio conclui que o ofício profético em si fora ordenado por ele de modo consagrar Cristo pelo sofrimento e, portanto, servir como prólogo para o ofício sacerdotal. Esse argumento certamente marca uma abordagem diferente da de Ursino – que identificou a conexão entre os papéis como um aprendizado ou uma função profética que pertencera aos sacerdotes do Antigo Testamento[57].

O OFÍCIO SACERDOTAL

A Preparação de Cristo para o Ofício

A preparação para o ofício, conforme Armínio discutira em sua obra *Private Disputationes*, é uma série de quatro atos, em que cada um tem

---

[56] Gulielmus Bucanus, *Institutiones theologicae, seu locorum communium Christiane religiones, ex Dei verbo, et praestantissimorum theologorum orthodoxo consenso expositorum* (Genebra, 1602; Bern: Iohannes & Isaias Le Preux, 1605), II.27 (23).

[57] Ursinus, *Explicationum catecheticarum*, 374.

duplo propósito: Cristo estava preparado para ser sacerdote e para ser o sacrifício. A preparação para o sacerdócio em si constituía de quatro atos distintos: primeiro, o chamado (*vocatio*) ou imposição (*imposio*) do ofício; depois, a santificação ou consagração de sua pessoa pelo Espírito Santo; terceiro, sua obediência (*obedientia*) e seu sofrimento (*passiones*) e, por último e sob certos aspectos, a sua ressuscitação[58].

A concessão do ofício, considerada tanto um chamado e, mais caracteristicamente, uma imposição, foi crucial para o entendimento do trabalho sacerdotal de Cristo para Armínio. Ela reflete algumas das preocupações que ele expressara contra a exposição similar da ordenação do Mediador no tratado sobre predestinação de William Perkins. Armínio poderia afirmar que, simplesmente dada a "excelência" ou eminência da pessoa de Cristo, Este teria sido merecedor de adoração; mas, além dessa excelência, duas outras condições eram necessárias para que Cristo fosse o apropriado "objeto da Religião" (*Religionis objectum*)[59]. Armínio havia levantado esse ponto em discussões anteriores.

O objeto da religião cristã é que, a reboque da fé, a tendência é o início da adoração de uma pessoa religiosa. Esse objeto é Deus e Cristo. Deus, essencialmente, e Cristo, de maneira subordinada a Deus; Deus *per si*, e Cristo como Deus havia o constituído para ser objeto dessa religião[60]:

> Tratamos de Deus, que é o primeiro objeto da religião cristã: e agora tratamos de Cristo, que, próximo a Deus, é outro objeto dessa mesma religião [...] Deus é o objeto da religião cristã, não apenas como Criador, mas também como Recriador, e a esse respeito Cristo também o é, conforme constituído por Deus para ser o salvador.[61]

---

[58] *Disp. priv.*, XXXV.5.
[59] Idem, XXXV.1.
[60] Idem, XIV.1.
[61] Idem, XXIV.1-2

Vale a pena notar que esse entendimento do objeto da religião cristã – e, portanto, da teologia – não se enquadra facilmente nas caracterizações teológicas um tanto pontuais do século XX, como teocêntricas ou centradas em Cristo.

Armínio desenvolve esse ponto ao identificar as duas condições para Cristo ser um objeto apropriado de adoração: primeira, que ele execute vários ofícios para o bem da salvação da humanidade e, segunda, que ele deve ter domínio sobre todas as coisas que o Pai lhe concedeu[62]. Consideradas essas duas condições em conjunto, elas identificam Cristo como Salvador e Mediador. Na primeira função, ele personifica o objetivo ou o fim dos ofícios e do domínio dado para ele; na segunda, ele é a pessoa que realiza o trabalho que gera esse fim. É seu específico trabalho de mediação obter a salvação que é objeto de seu ofício sacerdotal[63]. Esse sacerdócio, além do mais, não está de acordo com a lei de Levi, mas sim com a de Melquisedeque, que foi tanto sacerdote do Deus Altíssimo como rei de Salém[64].

O segundo ponto levantado por Armínio em consideração à preparação de Cristo para o ofício sacerdotal é a santificação e a consagração da pessoa de Cristo. Após ser chamada e ter o ofício concedido ou imposto, a pessoa deve ser considerada apta para o encargo. Em todas as suas discussões sobre o tópico, Armínio deixa claro que não era suficiente que Cristo, como Mediador, fosse uma pessoa com características humanas e divinas, e que sua humanidade fosse concebida igualmente à de todos os seres humanos, exceto quanto ao pecado. Esse é certamente o fundamento necessário, mas também deve haver uma posterior santificação e consagração da pessoa como um requisito para o cumprimento do ofício, sustentado na obra do Espírito Santo e que nasce da obediência e no sofrimento de Cristo. Além do mais, essa consagração para o ofício sacerdotal necessariamente deveria ser

---

[62] Idem, XXXV.1.
[63] Idem, XXXV.2.
[64] Idem, XXXV.3.

acompanhada por uma preparação de Cristo para o sacrifício – pela obediência e por "separação", visto que o sacrifício deve ser sagrado[65].

A Natureza e a Qualidade do Sacerdócio de Cristo: O Tipo e o Antítipo

Na condição de verdadeiro sacerdote, e não meramente um simples sacerdote, Cristo era, ao mesmo tempo, sacerdote (*sacerdos*) e sacrifício (*victima*) em uma única pessoa. A linguagem, aqui, provavelmente exige uma certa explicação: Armínio contrasta o *sacerdos verus* com o *sacerdos typicus*. Conforme afirma em todos seus debates sobre o ofício sacerdotal, o sacerdócio do Antigo Testamento era do tipo simples, a saber, a figura ou o sinal do verdadeiro sacerdócio que estava por vir. Vários de seus ouvintes ou leitores teriam reconhecido esse argumento como dependente da exposição de Ursino sobre o Catecismo de Heidelberg, em que o apontamento de Cristo para o seu ofício é distinto de um apontamento cerimonial ou sacramental, pelo fato de ser tanto "real" como "espiritual"[66].

Armínio prossegue para identificar uma série de diferenças entre o sacerdócio levítico e o messiânico, que ilustram a superioridade e preeminência deste último. Aqui, também há semelhanças com a exposição de Ursino[67]. Assim, como é de modo geral indicado a respeito da distinção entre o Antigo e o Novo Testamento, o sacerdócio levítico era típico e obscuro (*typicum* e *umbratile*), e o messiânico era real e verdadeiramente apresentado (*reale* e *verum*) como uma "imagem expressa"[68]. No sacerdócio levítico, além do mais, sacerdote e sacrifício "diferiam na essência",

---

[65] Idem, XXXV.5.

[66] Ursinus, *Explicationum catecheticarum*, 367, 372-73.

[67] Idem, 373; Ursino, no entanto, não pressiona o tópico de Melquisedeque, mas se refere especificamente às diferenças entre as funções do sacerdócio em geral e às outras funções do Sumo Sacerdote.

[68] *Disp. pub.*, XIV.11.

uma vez que o sacerdote oferecia sacrifícios apresentados por outras pessoas, mas, no messiânico, o sacerdote se oferecia no verdadeiro ato sacramental expiatório.

O sacerdócio do Antigo Testamento, portanto, é uma figura ou um tipo de sacramento que cumpria parcialmente o requisito da redenção – por implicação, o sacerdote era apenas o oficiante do ato, e não a vítima sacrificada. O verdadeiro sacerdócio do Novo Testamento, prometido ou prenunciado, cumpre efetivamente o requisito de redenção ao combinar oficiante e vítima em uma única pessoa – com isso, executando e completando o ato de uma única vez. O sacrifício com a morte no verdadeiro ato, além disso, cumpre plenamente o requisito da teoria da satisfação da expiação, a qual Armínio e, virtualmente, todos seus contemporâneos protestantes, defendiam. O pecado do primeiro ser humano e progenitor de toda a raça humana tinha de ser reparado pelo pagamento de sua pena – a morte – pelo único tipo de pessoa (ou ser) capaz de quitar essa dívida.

O Cumprimento de Cristo em seu Ofício

Como normalmente debatido em sua época, Armínio entendia o cumprimento do ofício sacerdotal de Cristo como consistindo em duas partes: o sacrifício de Cristo e a sua intercessão. Essa era claramente a visão de Calvino, que tinha permanecido uma passagem padrão entre os escritores reformados da época de Armínio e ainda mais além[69]. Armínio acrescenta que as bênçãos dadas pelos sacerdotes e reis do Antigo Testamento pertencem mais apropriadamente à comunicação da salvação e, portanto, para os efeitos e dons que seguem a satisfação do ofício de Cristo, em vez de à sua execução[70]. Novamente, há uma

---

[69] Compare a discussão em Richard A. Muller, *Calvin and the Reformed Tradition: Studies on the Work of Christ and the Order of Salvation* (Grand Rapids: Baker, 2012), 99-103.

[70] *Disp. priv.*, XXXV.6; compare a mesma estrutura de argumento em Armínio, *De sacerdotio Christi*, 18,20; *Works*, 1:419-23.

nítida reflexão sobre a discussão de Ursino, com a principal diferença recaindo na exclusão da discussão de Armínio sobre a obra de ensino.

O sacrifício, ou, para usar as próprias palavras de Armínio, a "oferta de um sacrifício expiatório", era necessariamente precedido de uma preparação (que consistia na privação e no sofrimento) identificada em outra parte como realizada durante o exercício inicial de Cristo de seu ofício profético, servindo como consagração a seu sacerdócio. No término dessa preparação, a oferta de seu autossacrifício consistia em duas partes: a confirmação da realidade e a finalidade e total suficiência do trabalho de Cristo, isto é, tanto uma parte terrena como outra celestial. Na parte terrena de sua oferta, ou seja, o sacrifício em si, Cristo tem seu sangue derramado "no altar da cruz" e sua morte é determinada pela punição do pecado, pagando, dessa forma, o preço da redenção. Esse elemento de sua oferta era necessariamente terreno e estava fora do santuário celestial, uma vez que não havia derramamento de sangue e nenhuma presença da morte, tampouco de seu poder nos céus. Como segunda parte da oferta, Cristo apresentava seu corpo ressuscitado, respingado com o sangue que ele derramara, no paraíso, como um sinal ou símbolo estabelecido diante da Majestade Divina pelo preço pago para a redenção da humanidade. Esses dois atos de oferta, portanto, correspondem aos dois estados da pessoa de Cristo: o primeiro pertencente a seu estado de humilhação, e o segundo a seu estado de exaltação – em que o primeiro fora completado pela obra de santificação do Espírito Santo em sua obediência, e o segundo pela consagração posterior de sua pessoa durante o respingar de seu sangue[71].

Nesse ponto, talvez seja útil notar que a percepção de Armínio sobre as duas funções pertencentes ao ofício de Cristo (uma de sacrifício e a outra de intercessão) também é uma característica padrão da primeira doutrina reformada da era moderna sobre o trabalho de Cristo. A diferença significativa era que a oração intercedente de Cristo foi de modo geral interpretada pelos autores reformados como a confirmação

---

[71] Armínio, *de sacerdotio Christi*, 18; *Works*, 1:419-20.

da limitação da eficácia do sacrifício de Cristo para os eleitos, enquanto Armínio estabelece que a intercessão de Cristo é para "os crentes". A formulação de Armínio, no entanto, se considerada à parte de sua doutrina da predestinação, defendendo virtualmente o mesmo ponto que os reformados. "Diz-se que Cristo", escreve ele, "intercederá a favor dos crentes, para a exclusão do mundo", mas, muito embora Cristo houvesse "oferecido um sacrifício suficiente para perdoar os pecados de toda a humanidade", nem todos têm fé em Deus ou permanecem inabaláveis até o fim[72]. Afinal de contas, Armínio não era um universalista.

Ele conclui essa secção de sua *Oration* retomando o tema do compromisso – especificamente, o do pacto entre o Pai e o Filho: Cristo, de fato, tinha feito um juramento sobre cumprir o seu ofício e realizá-lo completamente, e recebe a resposta do Pai. O sacerdócio de Cristo continuará eternamente, e ele próprio será elevado ao status de "dignitário real". Todo o poder nos céus e na terra será dado a ele, que será totalmente revelado como o eterno Sacerdote após o mandato de Melquisedeque, uma vez que este fora sacerdote e rei[73].

O OFÍCIO REAL

O tema da consagração de Cristo pelo sofrimento marca o início do tratamento de Armínio sobre o ofício real e indica – como confirmado por seu subsequente debate sobre os dois estados de Cristo – estreita associação entre seu reinado e a exaltação feita para "ao lado direito do Pai"[74]. Por causa de sua completa performance das tarefas em seu ofício de sacerdote, ele recebe o status de "dignitário real" pelo Pai, além de várias outras bênçãos, requisitos para a concessão da salvação aos crentes. Armínio define o ofício real como uma função mediadora pela qual o Pai constituiu a Cristo como Senhor de todas as coisas que há nos

---

[72] Idem, 19; *Works*, 1:421: "*sacrificium sufficiens tollendis omnium hominum pecattis oblatum*".
[73] Idem; *Works*, 1:422, citando Mateus 28:18; Hebreus 7:17.
[74] *Disp. priv.*, XXXVII.1; compare idem, XXXVIII.11.

céus e na terra – e, peculiarmente, o reinado e o comando de sua Igreja –; assim, ele governará todas as coisas e a Igreja, para a sua salvação e a glória de Deus[75]. No final da definição, acrescenta: "Veremos esse ofício em consonância com a Igreja, pois estamos preocupados principalmente a esse respeito, removendo, portanto, o que ele denominou de os aspectos 'cósmicos' ou universais do ofício real de Cristo de nossa consideração"[76].

No *Private Disputations*, em que tal definição está colocada, Armínio continua, como antes, sua discussão primeiramente sobre as "funções" ou "atos" inerentes ao ofício e, depois, passa a seu resultado, ou às suas consequências. As funções do ofício real de Cristo são quatro: vocação ou chamado, decretação de leis, comunicação das bênçãos e julgamento[77]. Paralelamente ao ofício profético, há a função ou o trabalho do chamado – neste ponto mais especificamente definido nem tanto como o ensinamento do Evangelho, e sim como uma convocação para "participação" no reinado de Cristo –, que consiste no convite para se arrepender e crer no Evangelho. Para isso, Armínio acrescenta o que poderia ser entendido como um elemento pactual, visto que descreve o chamado em termos não simplesmente de promessa, mas também de recompensa e ameaça – a saber, a recompensa de participação no reinado e a ameaça de separação eterna da presença do Senhor[78]. Atuar como rei – sua segunda função – é também ser um apresentador e criador de leis (*legislator*) que prescreve deveres e conjuga sanções de recompensa e punição para performance e para a falta dela, para o bem da condução de seu reino.

Como uma terceira função desse ofício real, Cristo concede bênçãos a seu povo. Elas incluem não apenas os benefícios primários de remissão dos pecados e o testemunho gracioso interior do Espírito para a adoção dos crentes, mas também a iluminação da mente, a resistên-

---

[75] Idem, XXXVII.2.

[76] Idem.

[77] Idem, XXXVII.3; compare a mesma divisão de funções ou atos do ofício em *Disp. pub.*, XIV.19.

[78] *Disp. priv.*, XXXVII.4.

cia contra a tentação e uma nova ou renovada inscrição da lei de Deus no coração. A quarta e última função real de Cristo é o seu julgamento "justamente sem se ater às pessoas" de todos os pensamentos e atos dos seres humanos até o fim de recompensa ou punição final[79]. Essa ênfase legal, presente em todo o entendimento de Armínio do ofício real, muito provavelmente conecta-se à sua forte abordagem pactual com a religião e seus papéis requeridos, dado que pactos têm estipulações e deveres, recompensas e punições. Esse entendimento do ofício real e de sua lei é muito similar ao encontrado nas teorias de seus contemporâneos reformados – notadamente, Trelcatio e Gomaro[80].

CONCLUSÕES

A doutrina de Armínio do ofício de Cristo pertence, assim como a maioria dos tópicos doutrinais sobre o qual elabora, à primeira fase ortodoxa da teologia reformada, e permanece mais bem entendida no contexto dos desenvolvimentos teológicos da época. Suas ideias têm claros antecedentes e afinidades com a teologia dos mais variados pensadores reformados da era, como Calvino, Vermigli, Ursino, Bucano, Junio, Gomaro e Trelcatio – afinidades essas que permaneceram mesmo quando Gomaro e Trelcatio constavam da lista de opositores de sua teologia nos debates e que, por fim, levaram ao Sínodo de Dort.

Armínio estudou em Leiden e Genebra, pregou em Amsterdã e havia retornado para Leiden para ser professor pleno; tanto seu aprendizado como as localidades em que prestou serviços ministeriais e de professorado vivenciavam cenários reformados. A base amplamente pactual de seu pensamento sobre o ofício de Cristo, seja em sua hipótese de uma

---

[79] Idem, XXXVII.7.

[80] Lucas Trelcatius Jr., *Scholastica et methodica locorum communiom s. theologie institutio, didactice & elenctice in epitome explicata: in qua, veritas locorum communion, definitions cuiusque, loci per causas suas analysi asseritur: contraria vero argumenta, imprimis Bellarmini, generalium solutionum appendice refutantur* (Londres: John Bill, 1604), II.VII (75-76); Gomarus, *Disputationum...de officio Christi* (1603), X-XI.

aliança pré-lapsariana com Adão, ou de uma aliança pós-lapsariana – restabelecendo o relacionamento entre Deus e os seres humanos após a queda – ou, ainda, de uma outra aliança especial e posterior entre Deus, o Pai, e Cristo, o Mediador, reflete os desenvolvimentos eclesiais e confessionais, internos e não polêmicos, da teologia reformada de sua época.

Além da consistente reflexão sobre suas raízes e seu contexto reformados, o mais significativo de sua teoria sobre o ofício de Cristo são os pontos em que suas elaborações da doutrina geravam características distintivas. Aqui, podemos contar com sua ênfase na fundamentação dos papéis sob a forma de um compromisso, estabelecido com a própria natureza da religião, e desta na ordem da criação. Além disso, certamente o destaque à consagração de Cristo em seu ofício e por meio de sua obra – notadamente, seu sofrimento – acrescenta uma dimensão significativa para a doutrina; de fato, isso fornece o vínculo do próprio trabalho de Cristo entre seus papéis profético e sacerdotal, bem como entre os papéis sacerdotal e real.

A união hipostática foi, é claro, completa na encarnação, mas a entrada na plenitude do ofício dependia, na visão de Armínio, da obediência, paciência e resiliência de Cristo segundo sua natureza humana. A subordinação à tarefa, talvez também devidamente enfatizada pela insistência de Armínio na subordinação pactual do Filho ao Pai, sublinhava, em seu pensamento, a proximidade de Cristo com a raça humana como um fundamento de fé e esperança.

A maioria das definições e formulações de Armínio tem raízes identificáveis na tradição reformada; algumas, na formulação de Calvino do tríplice ofíciox¹, e um grande número, na exposição de Ursino do Catecismo de Heidelberg. Além do mais, boa parte dessas definições e formulações encontram paralelismos distintos nos pensamentos de seus colegas imediatos em Leiden, Trelcatio e Gomaro, bem como no pensamento de outros contemporâneos reformados, como Bucano e Scharpio. Com base nessas raízes e paralelismos, pode-se concluir que o entendimento de Armínio sobre o ofício de Cristo equivale a, e geralmente reflete, os padrões reformados paradigmáticos reformados de seu tempo. A ausência de reclamações em sua própria época relacionadas a esse aspecto da doutrina, inclusive de seus oponentes mais combativos, confirma a conclusão.

Podemos notar que a distinção entre o sacrifício de Cristo e a intercessão era típica da Reforma, do mesmo modo que a sua teoria básica da satisfação da expiação. Assim, também seu esboço do *pactum salutis* coloca-o na lista dos primeiros desenvolvimentos da Reforma – embora as tendências de subordinação observadas particularmente em sua linguagem da "imposição" do ofício de Cristo se pareçam mais com as ideias de Episcópio e da posterior teologia remonstrante.

A conclusão, então, sobre o tópico da relação de Armínio com a tradição reformada, quando discutido em termos de sua abordagem ao ofício de Cristo, é a de que ele, em grande parte, compartilhava o mesmo pensamento dos teólogos reformados evidentes no início do século XVII; contudo, também havia pequenas divergências de ideias que, mais tarde, apontariam para a teologia remonstrante.

CAPÍTULO 2

Armínio foi um determinista involutário?
Outra perspectiva da lógica modal de Armínio

Thomas H. McCall

INTRODUÇÃO

Há muitos pontos obscuros na maioria dos debates sobre providência e predestinação. O que fica razoavelmente claro é o fato de a lógica modal importar bastante nessas discussões, e é praticamente certo que vários teólogos contemporâneos ou não trabalham com teorias bem desenvolvidas da lógica modal, ou não se aprofundam nos detalhes dessas teorias.

No entanto, isso nem sempre foi assim. Em 1598, antes de sua indicação para o cargo de professor de teologia em Leiden e do surgimento de suas controvérsias com os colegas dessa instituição, Armínio escreve uma carta para seu amigo Johannes Uytenbogaert, na qual apresenta ideias sobre suas perspectivas em desenvolvimento sobre a lógica modal[81]. O conteúdo dessa carta nos faz lembrar do fato de

---

[81] Publicado com o n. 57 em *Praestantium ac eruditorum virorum epistolae ecclesiasticae et theologicae*, ed. Philip von Limborch e Christian Hartsoeker (Amsterdã: H. Wetstenium, 1684), 57-61.

que simplesmente devemos interpretar seus ensaios como um teólogo escolástico se quisermos entendê-lo bem, o que sublinha que os problemas lógicos e metafísicos realmente despontam, em larga escala, nas discussões teológicas do início da Idade Moderna.

Essa carta foi amplamente negligenciada pelos estudiosos de Armínio, e talvez esse menosprezo reflita falta de atenção aos elementos escolásticos de sua teologia ou predisposição de alguns de seus estudiosos para interpretá-lo como um teólogo bíblico (e não escolástico), o que acaba descartando uma análise mais cuidadosa desses documentos. Há uma rara exceção nesse ponto, que é a análise útil e penetrante de Eef Dekker[82]. Este autor afirma que, embora Armínio invista pesadamente em se opor às tendências deterministas de seus opositores (o que ele próprio assume fazer), a realidade surpreendente é que sua própria teoria da lógica modal o compromete com o determinismo, como colocado por Dekker: "Devemos concluir que Armínio em si é um determinista"[83].

A seguir, procuro revisitar a lógica modal de Armínio. Dekker pode estar correto em sua análise da carta e do conteúdo; porém, Armínio posteriormente altera de maneira significativa os seus pontos de vista. Mais tarde, com uma certa correção, a posição de Armínio consegue escapar do determinismo.

A CARTA E SUA ANÁLISE

Armínio exibe diversas formulações lógicas em sua carta, aplicando-as diretamente às doutrinas da providência e da predestinação. Além de *possibilidade* e *necessidade*, ele também se ocupa dessas formulações a respeito da *certeza*. Usando os operadores da lógica modal normal (◊ para *possibilidade* e □ para necessidade), adotando que S representa a proprie-

---

[82] Eef Dekker, "Jacob Arminius and His Logic; Analysis of a Letter", *Journal of Theological Studies* 44 (1993): 118-42. Dekker nota que Carl Bangs também traduz parte dessa carta; compare C. Bangs, 203-5.

[83] Dekker, "Jacob Arminius and His Logic", 126.

dade "ser salva", *D* para a propriedade "ser condenada" e adicionando o operador ℂ para a ainda ambígua noção de *certeza)*, podemos resumir (os aspectos relevantes de) suas perspectivas. Armínio contrasta:

(1) para uma pessoa x ser salva: (∃x) (Sx)

com

(2) para uma pessoa x ser condenada: (∃x) (Dx).

Até o momento, tudo certo; não parece haver controvérsia. Assim que se entende os significados da *salvação* e da *condenação* na teologia cristã tradicional, é fácil de ver que *ser salvo* e *ser condenado* são proposições contraditórias. Ninguém pode ser salvo e condenado [ao mesmo tempo]. Porém, Armínio também contrasta:

(1*) para uma pessoa x, é possível que ela seja salva: (∃x) (◊ Sx)

com

(2*) para uma pessoa x, é possível que ela não seja salva, isto é, seja condenada (∃x) (◊ Dx)[84].

Dizendo de outra forma, a exemplo de Dekker considerar as proposições (1) e (2) como contraditórias, também considera-se (1*) e (2*) contraditórias.

Mas se (1) e (2) são contraditórias (e não contrárias), então, tanto (1) como (2) não podem ser verdadeiras: apenas uma, ou (1) ou (2), será verdadeira. Assim, isso significa que, necessariamente, ou (1*) é verdadeira e (2*) é falsa, ou (2*) é verdadeira e (1*) é falsa. Então, se (1*) é verdadeira e (2*) é falsa, se x é possivelmente salva conclui-se que não é possível que x não seja salva. O reconhecimento desse ponto leva Dekker a concluir que, no conceito de Armínio,

---

[84] Por exemplo, Armínio, em *Praestantium ac eruditorum virorum epistolae ecclesiasticae et theologicae*, 57; Dekker, "Jacob Arminius and His Logic", 139. Armínio faz muito mais aqui também, mas os exemplos citados são suficientes.

(A) a possibilidade e a necessidade são (estritamente) equivalentes ($\Diamond = \Box$)[85].

Assim, (A) nos dá razão, conforme assinalado por Dekker, para "concluir que Armínio era um determinista"[86].

Dekker tem outras razões para supor que a lógica modal de Armínio confirma o seu determinismo, pois afirma que as perspectivas de Armínio implicam a conclusão de que:

(B) a certeza e a necessidade são equivalentes ($\mathbb{C}=\Box$) (ou, minimamente, $\mathbb{C} \to \Box$)[87].

Se (B) é verdadeira, então resulta que:

(3) para uma pessoa x, ela é *certamente* salva: $(\exists x)(\mathbb{C}\, Sx)$,
o que é equivalente a:

(4) para uma pessoa x, ela é *necessariamente* salva: $(\exists x)(\Box\, Sx)$.

Certamente, isso é inaceitável para um teólogo que deseja resistir ao determinismo, pois, se (B) é verdadeira e (3) é realmente equivalente a (4) (ou até mesmo implica isso), então, qualquer pessoa que Deus sabe que será salva, o será por necessidade e, obviamente, qualquer pessoa cuja condenação é conhecida por Deus será necessariamente punida.

Dekker conclui que o endosso de A e B faz com que:

(C) ou a pessoa é salva, e necessariamente assim ocorre, e se fica certo disso, ou ela não é salva, e necessariamente assim ocorre, e se tem certeza de que ela não é salva.

---

[85] Dekker, "Jacob Arminius and His Logic", 126.
[86] Idem.
[87] Idem, 127.

O reconhecimento oficial de Dekker certamente é austero (para qualquer oponente do determinismo teológico):

> Nesse preceito, o determinismo está presente mais uma vez. Justamente no ponto em que Armínio ataca seus colegas teólogos calvinistas, ele passa a ser o próprio culpado. Em (C), é evidente uma lógica determinista da predestinação.[88]

AS ALTERAÇÕES DE ARMÍNIO

Dekker corretamente mantém que as formulações apresentadas por Armínio nessa carta não são muito satisfatórias. Se era tudo o que Armínio havia dito, poderíamos razoavelmente concluir que ele fora um determinista inconfesso – bem como, talvez, uma pessoa desesperançosamente confusa. No entanto, isso não foi tudo o que Armínio dissera, já que, posteriormente, nos oferece mais reflexões sobre a lógica modal[89]. Por exemplo, em seu ensaio *Examen thesium D. Francisci Gomari de praedestination*, nos são fornecidos insights adicionais sobre suas perspectivas[90]. Em relação a:

(A) a possibilidade e a necessidade serem (estritamente) equivalentes,

---

[88] Idem, 128. Ele pensa que o máximo que Armínio faz para mitigar este determinismo é introduzir "um tipo de indeterminação epistemológica no lado humano", mas considera que esse esforço "não relaxa os laços do determinismo metafísico e gera ainda mais incoerências" (idem, 138).

[89] Questões sobre a transição de suas próprias perspectivas (questões sobre a extensão com que ele alterava suas perspectivas, a intencionalidade com que fazia isso, ou as possíveis influências que sofria que impactaram suas mudanças) estão além do escopo deste ensaio.

[90] *Exam. Gom.* Este é um útil tratado, pois ele foi escrito posteriormente e em meio às controvérsias sobre predestinação. Uma tradução em inglês está disponível em *Works*, 3:521-658.

ele claramente distingue entre a necessidade e a contingência, e diz que "características como essas não podem coincidir". A necessidade e a contingência, insiste ele, são "coisas contraditórias", pois:

> [...] aquilo que não pode não ser feito (*non potest non fieri*) faz parte necessariamente do passado, e aquilo que não pode ser feito (*potest non fieri*) passa eventualmente ao passado: mas ser capaz de não ser feito (*posse autem fieri*) e não ser capaz de não ser feito (*non posse non fieri*) são termos contraditórios.[91]

Além do mais, Armínio opõe totalmente a possibilidade e a necessidade; o que "pode ocorrer" é efetivamente *contraditório* (em lugar de meramente contrário) ao que não pode ocorrer[92]. Longe de serem equivalentes, essas proposições são contraditórias – ambas não podem ser verdadeiras, mas uma deve ser [verdadeira].

Como temos visto nessa carta para Uytenbogaert, Armínio faz alegações que implicam que:

(B) a certeza e a necessidade sejam equivalentes.

No entanto, à época de seu controverso embate com Gomaro, Armínio claramente distingue certeza e necessidade, explicando que a primeira pertence à epistemologia, e não à metafísica da modalidade. A necessidade, por outro lado, é uma propriedade modal.

> A *certeza* propriamente dita não é a afeição por algo existente ou que está por existir, mas sim o fato de a mente saber ou prever que essa coisa existe ou está prestes a existir; daí,

---

[91] Idem, 32; *Works*, 3:552.
[92] Idem; *Works*, 3:553.

é feita uma transferência para o evento da coisa – não que seja acrescentado algum outro modo para o evento, pois isso é o mesmo que algo ocorrerá, e que *certamente* ocorrerá... A necessidade, porém, é uma afeição de ser (*affectus entis*) e acrescenta um modo para o evento, pelo qual é dito que algo ocorrerá *necessariamente*, ao contrário do modo denominado contingencial.[93]

Consequentemente, "a mesma ideia não é expressa quando é dito que um evento ocorrerá *certa* e *necessariamente*, pois uma das palavras é somente sobre futuração, e a outra é sobre o modo também de futuração"[94]. Portanto, para Armínio (ao menos à época de seu embate com Gomaro), a *certeza* não deve ser equiparada à *necessidade*, nem implica esta última. Pelo contrário, ele é convencido de que a confusão entre certeza e necessidade resulta em muito prejuízo teológico[95].

Como temos visto, Dekker afirma expressamente que Armínio, na carta em consideração, está comprometido com (A) e (B) e, portanto, para nossa surpresa (e provavelmente para a sua, também), é sobrecarregado com:

(C) *Ou* uma pessoa é salva, e necessariamente isso ocorre, e tem certeza de ser salva, *ou* ela não é salva, e necessariamente isso ocorre, e tem certeza de não ser salva.

---

[93] Idem, 25; *Works*, 3:547.

[94] Idem, 25-26; *Works*, 3:547.

[95] Essas discussões são dificultadas pela ambiguidade referente ao significado de "certeza". Ela pode ser considerada no sentido mais tautológico (₵i) em que "certamente ocorrerá" é exatamente equivalente a "realmente ocorrerá" ou unicamente "ocorrerá"; pode ser considerada no sentido de (₵ii), a certeza do conhecimento divino; também pode ser considerada no sentido de (₵iii), a certeza da pessoa humana como um tipo de certeza psicológica. Dekker trabalha com esta última, mas, à época de seu embate com Gomaro, é claro que Armínio está trabalhando com o sentido de (₵i). Para a discussão desses tópicos no escolasticismo medieval, veja, p. ex., A. Vos, "Knowledge, Certainty and Contingency", em *John Duns Scotus: The Renewal of Philosophy*, ed. E. P. Bos (Amsterdã: Rodopi, 1994), 75-88.

No entanto, como tenho mostrado, há uma boa razão para pensar que Armínio havia corrigido essas reflexões anteriores (ao menos à época de seu embate com Gomaro), recusando tanto (A) como (B). Com isso, não precisaria ser incomodado por (C).

ANÁLISE POSTERIOR: UM PROBLEMA REMANESCENTE E UMA SOLUÇÃO SUGERIDA

Em minha opinião, Armínio está certo ao fazer as correções citadas anteriormente. Em relação a (A), sua carta não oferece razões para pensar que possibilidade e necessidade são equivalentes. Ele não defende com firmeza que esse é o modo pelo qual devemos pensar sobre essas questões e, em vez disso, apenas expõe algumas ideias a um amigo e aliado em que confia. Dessa forma, ele não precisa se retratar de nada: não tem argumentos próprios para aquela conclusão que agora encara de frente, e o que lemos na carta são simplesmente suas reflexões sobre a lógica modal.

Independentemente do que ocorrera entre a escrita de sua carta e o seu embate com Gomaro, fica claro que Armínio adota uma perspectiva diferente de (A). Mas nem tudo é belo e brilhante nesse processo, pois suas formulações no ensaio *Exam. Gom.* não estão completamente livres de problemas. Armínio está correto ao reconhecer que necessidade e contingência são opostas, porém – vejam só –, ele também coloca necessidade e possibilidade como proposições contraditórias. Isso pode ser visto em seu quadro de oposição modal[96]:

---

[96] Exam. Gom., 32; Works, 3:553.

Possibile　　　　　　　　　　　　　　　　　　　　　*Impossibile*
Posse fieri　　　　　　　　　　　　　　　　　　　　*Non posse fieri*

Contraditórias

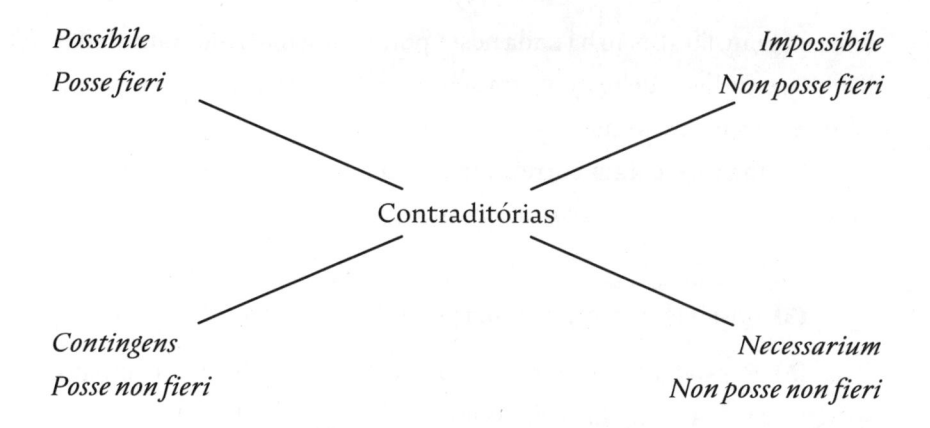

Contingens　　　　　　　　　　　　　　　　　　　　*Necessarium*
Posse non fieri　　　　　　　　　　　　　　　　　　*Non posse non fieri*

O problema, no entanto, é que a necessidade não é contraditória à possibilidade; em vez disso, uma subimplica a outra. Em outras palavras, se algo é necessário, certamente é possível – embora, se algo é possível, não é obrigatoriamente necessário (mas pode ser contingente). Isso pode ser ilustrado a seguir[97]:

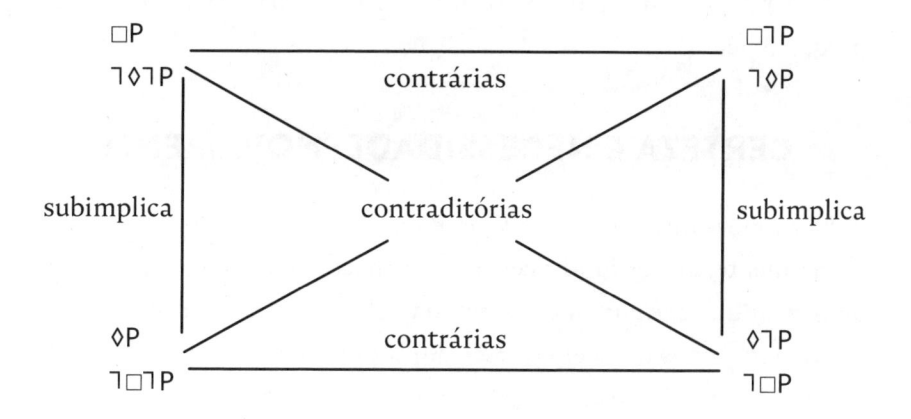

```
   □P                                              □¬P
   ¬◊¬P         ─── contrárias ───                 ¬◊P

subimplica         contraditórias              subimplica

   ◊P                                               ◊¬P
   ¬□¬P         ─── contrárias ───                 ¬□P
```

Então, Armínio exagerou e sua posição parece ser totalmente errada. Todavia, esse problema remanescente não é insuperável e, em

---

[97] William Lane Craig e J. P. Moreland, *Philosophical Foundations for a Christian Worldview* (Downers Grove, III: InterVarsity Press, 2003), 49.

nenhum grau, fatal. Não há nada nesse ponto para inseri-lo como determinista, e tudo o que restou para seus colegas a esse respeito foi fazer as correções necessárias.

Portanto, ele agiu corretamente ao fazer essas mudanças, que alteram sua perspectiva para a seguinte:

(5) Possivelmente, para uma pessoa x, ela é salva: ◊ (∃x) (Sx);

(6) Possivelmente, para uma pessoa x, ela é salva e certamente será salva: ◊ (∃x) (Sx & (₵ Sx));

(7) Possivelmente, para uma pessoa x, ela é salva e possivelmente será condenada: ◊ (∃x) (Sx & (◊ Dx));

(8) Possivelmente, para uma pessoa x, ela é salva e certamente será salva, ou será possivelmente condenada: ◊ (∃x) (Sx & (x (₵S) &(◊ Dx)).

Isto é, a meu ver, o que Armínio necessita para sua doutrina da predestinação[98].

CERTEZA E NECESSIDADE, NOVAMENTE

Talvez tudo tenha sido muito rápido. Talvez Armínio estivesse correto inicialmente, ao confundir certeza com necessidade (ou, pelo menos, ao pensar que a segunda é acarretada pela primeira). Vários teólogos contemporâneos parecem pensar que a presciência divina implica o determinismo. Como argumento comum, o problema aqui – se de fato há um – é mais longo e mais profundo do que geralmente reconhecido. Mas, na realidade, não é um problema absoluto.

---

[98] Certamente, isso não era tudo de que Armínio necessitava para a sua doutrina de predestinação. Nem era, obviamente, suficiente para separá-la de todas as teorias reformadas; porém, era suficiente para escapar da carga do determinismo metafísico.

Um Argumento Comum

Um argumento comum (AC) para a conclusão de que a presciência divina é incompatível com a liberdade humana prossegue ao longo dessas linhas razoavelmente previsíveis:

(9) Se em determinado tempo – t1 –, Deus sabe o que Tom fará em um tempo posterior – t2 –, então Tom não é livre a respeito do que faz em t2[99];

(10) Se Deus é onisciente, então Ele sabe, em t1, o que Tom fará em t2;

(11) Deus é omnisciente;

(12) Portanto, Ele sabe em t1 o que Tom fará em t2 (de 9, 10);

(13) Portanto, Tom não é livre a respeito do que faz em t2 (de 9,12)[100].

A lição mais comumente aprendida com esse conhecido argumento é que a libertária liberdade humana não é possível se Deus tem uma presciência exaustiva. O argumento comum é exercido com mais frequência contra as visões tradicionais que afirmam tanto a liberdade como a onisciência, mas ele tem implicações ainda maiores, e a razão para isso é a seguinte: o argumento comum pode ser fácil e razoavelmente corrigido para mostrar que isso impacta a liberdade *divina* e, também a humana[101].

---

[99] Essa formulação se dá com uma visão "temporalista" de Deus e do tempo, pois a maioria dos proponentes do (AC) faz essa hipótese, e é mais fácil determinar a objeção desse modo.

[100] Essa formulação particular do problema familiar segue a de Keith E. Yandell, *Philosophy of Religion: A Contemporary Introduction* (Nova York: Routeledge, 1999), 335.

[101] As questões relacionadas à liberdade divina são notoriamente complexas (especialmente as que se referem à bondade e perfeição divinas). Sobre essas, veja William A. Rowe, *Can God Be Free?* (Oxford: Oxford University Press, 2004). Minha própria perspectiva é que pode haver um número extenso de galáxias de possíveis mundos que são factíveis para Deus (em que Deus é entendido como perfeitamente bom), onde Ele tem a liberdade de

(9*) Se, em t1, Deus sabe o que fará em t2, então Ele não é livre em relação ao que faz em t2;

(10*) Se Deus é onisciente, então Ele sabe em t1 o que fará em t2;

(11) Deus é onisciente;

(12*) Portanto, Ele sabe em t1 o que fará em t2 (de 10*, 11);

(13*) Portanto, Ele não é livre a respeito do que faz em t2 (de 9*, 12*)[102].

Richard Swinburne aponta nitidamente esse problema ao simplesmente abarcar a linha metafísica. Com uma clareza característica, ele conclui que não é possível haver uma pessoa perfeitamente livre que seja também onisciente (no sentido tradicional de onisciência). E como Deus é um ente perfeitamente livre, a conclusão que se tira é a de que Deus "não pode ter conhecimento de Suas futuras ações livres"[103]. Assim, Ele "não saberá antecipadamente o que fará"[104]. Swinburne reconhece que isso coloca um limite muito maior na onisciência de Deus do que o limite

---

escolha entre eles. Para os argumentos sobre esse ponto, veja Thomas P. Flint e Alfred J. Freddoso, "Maximal Power", em *The Concept of God*, ed. Thomas V. Morris (Oxford University Press, 1987).134-67; e Thomas P. Flint, "The Problem of Divine Freedom", *American Philosophical Quarterly* (1983): 255-64. Para uma resposta direta (e prática) para Rowe, veja Thomas D. Senor, "Defending Divine Freedom", em Oxford Studies in Philosophy of Religion, vol. 1, ed. Jonathan L. Kvanvig (Oxford University Press, 2008), 168-95. Edward Wierenga emite uma nota de cautela aqui: ele pensa que a ação e a liberdade divina são tão diferentes da ação humana que se deve questionar descrições diretas de várias noções de liberdade para Deus. Veja Wierenga, "The Freedom of God", *Faith and Philosophy* (2002):425-36.

[102] Este argumento pode ser encontrado entre os geralmente negligenciados teólogos metodistas do século XIX; entre eles, Thomas N. Ralston, *Elements of Divinity* (Nashville: Southern Methodist Publishing House, 1871), 182; Samuel Wakefield, *A Complete System of Christian Theology* (Cincinnati: Craston and Stowe, 1869), 334-35.

[103] Richard Swinburne, *The Coherence of Theism*, rev. ed. (Oxford: Oxford University Press, 1993), 179.

[104] Idem, 181.

relacionado às futuras ações humanas livres[105]. Ele também entende que há, ou poderá haver, alguns casos em que a bondade perfeita de Deus pode refreá-Lo a agir de modo "limitado", mas, em situações distintas dessas exceções, Ele deve necessariamente ignorar suas próprias ações futuras e, como coloca Swinburne:

> Se a onisciência de Deus é para incluir a presciência de Suas ações futuras, não deveria haver razão alguma para confinar essa antevisão meramente para a presciência de algumas dessas ações; e se essa capacidade incluísse todas as ações futuras de Deus, não se teria mais nenhuma liberdade. Se, em qualquer momento, Deus efetivamente desfruta uma liberdade perfeita, então sempre antes disso Ele ignorará o modo como irá agir[106].

O resultado é que, se Deus é livre, Sua ignorância sobre o futuro deverá ser vasta.

Se o argumento comum e seu assemelhado argumento menos comum são bem-sucedidos, imagino que neste ponto temos graves problemas, tanto para aqueles teólogos que aceitam esse argumento e negam que Deus consiga antever Seus próprios atos (teístas abertos radicais), como para os que aceitam esse argumento e concluem que todas as ações divinas também devem ser determinadas. Várias correntes de pensamento da ampla tradição "reformada" fluem nessa última direção: especialmente marcantes são as associadas a Jonathan Edwards, bem como as que percorrem de Schleiermacher e Hegel, à proposta inspirada por Barth de Bruce L. McCormack[107]. Todavia, os

---

[105] Richard Swinburne, *The Christian God* (Oxford:Oxford University Press, 1994), 134.

[106] Idem.

[107] Por exemplo, Bruce L. McCormack, "Grace and Being: The Role of God's Gracious Election in Karl Barth's Theological Ontology", em *The Cambridge Companion to Karl Barth*, ed. John Webster (Cambridge: Cambridge University Press, 2000), 92-110; e Michael T. Dempsey, ed., *Trinity and Election in Contemporary Theology* (Grand Rapids: Eerdmans,

teístas abertos que chegaram a essa conclusão não serão capazes de dizer o quanto (normalmente) gostariam sobre a providência divina, e os deterministas precisam enfrentar os problemas metafísicos (colapso modal) e as dificuldades doutrinais (a asseidade e a soberania divina serem substituídas pelo monismo e o fatalismo). Essas conclusões, no entanto, não dizem respeito a esse ponto, e sim ao objeto em si.

Não Obviamente Verdadeiro

O argumento comum é bem-sucedido? Armínio pensa que não, e se debruça sobre a venerável discussão entre a necessidade do consequente e a da consequência[108]. No ponto em que a necessidade do consequente nos oferece:

(14) Necessariamente, se uma pessoa x é salva, então ela não é condenada: $\Box \, (Sx \Rightarrow \Box - Dx)$,

a necessidade da consequência sustenta somente que:

(15) Necessariamente, se uma pessoa x é salva, então ela não é condenada: $\Box \, (Sx \Rightarrow - Dx)$.

Em outras palavras, no que (14) é determinística, a necessidade de (15) é completamente consistente com a contingência e a liberdade. Mas, argumenta Armínio, não há nenhuma razão para se pensar que a doutrina da predestinação exige (14) em vez de (15).

Aqui, o emprego da tradição por Armínio é criterioso e aponta para um avanço. Uma exploração completa dessa questão certamente

---

2011). Sob vários aspectos importantes, Armínio e seus oponentes reformados têm mais em comum entre si do que com as teologias reformadas que defendem o determinismo divino. Compare William J. Van Asselt, J. Martin Bac e Roelf T. te Velde, eds., *Reformed Thought on Freedom: The Concept of Free Choice in Early Modern Reformed Theology* (Grand Rapids: Baker Academic, 2010).

[108] Por exemplo, *Exam. Gom.*, 28; *Works*, 3:549.

está muito além do escopo deste ensaio, mas há espaço para resumir três princípios importantes que aliviam muita carga da pressão do argumento comum. Algumas ideias que criaram a fundamentação repousam no tipo de abordagem que Armínio adota (e que são comumente associadas à "Solução Ockhamiana") intitulada (9) na questão[109].

Primeiro, devemos lembrar que o *conhecimento* não é *causal*. O argumento comum não aprofunda a alegação de que o conhecimento seja causal, nem há uma boa razão para supor que ele deva ser. O conhecimento de uma pessoa sobre um corrente evento não faz dele verdadeiro; o próprio fato de uma pessoa observar um acidente a determinada distância não significa que alguém causou sua ocorrência. Tampouco, no caso em vista, o conhecimento efetivo da pessoa sobre eventos passados de qualquer modo provoca sua ocorrência. Similarmente, o conhecimento de um evento futuro não causa a ocorrência do evento e, tratando-se de um profeta a quem são dados insights sobre eventos futuros, pode-se realmente dizer que ele sabe dessas coisas sem ter o conhecimento da causa de suas ocorrências. Não temos boas razões para pensarmos que o conhecimento é causal, e um número grande delas para pensar que não é.

A segunda premissa é que *o status modal de uma proposição não muda*[110]. Para confirmá-lo, considere a proposição "Tom configura o toque de chamada do contato telefônico de um colega de estudos com a canção 'I'm Too Sexy', do grupo Right Said Fred, em 8 de dezembro de 2013". Essa proposição é logicamente contingente. Como tal, ela é logicamente contingente em 2013. Era também contingente quando Nero incendiou Roma, e quando a boca do fogão do camping queimou o bacon

---

[109] Alvin Plantinga, "On Ockham's Way Out", *Faith and Philosophy* 3 (1986):235-69. Grande parte dessa particular formulação é debitada a Keith Yandell.

[110] O sistema de lógica modal conhecido por S5 suporta essa alegação: o axioma importante aqui é $\Diamond P \to \Box \Diamond P$. No lugar de S5 para o desenvolvimento de sistemas da lógica modal, veja Michael J. Loux, "Introduction: Modality and Metaphysics", em *The Possible and The Actual: Readings in the Metaphysics of Modality*, ed. Michael J. Loux (Ithaca: Cornel University Press, 1979), 15-64.

em 2013, e será contingente em 3013, justamente como o é agora. Conforme colocado por Keith Yandell, "Independentemente do status modal que uma proposição teve no passado, ele será o mesmo no presente. Em qualquer proposição com o modelo, a pessoa X faz livremente A em um determinado tempo t. Assim, ela sempre é logicamente contingente – em t, antes e depois de t"[111]. Dizer isso não é negar a necessidade acidental (ou a "necessidade da consequência"), mas sim dizer que a necessidade acidental é incompatível com a contingência lógica.

A terceira premissa que devemos lembrar é que a direção do vínculo não é a mesma coisa que a direção da determinação da verdade. Se eu livremente prego uma peça a um colega de Teologia ao modificar seu toque de chamada para "I'm Too Sexy" (e depois faço-lhe uma chamada quando ele está em, digamos, uma reunião de oração), então (se Deus é onisciente, pelo menos no sentido clássico) Se Ele sabe que eu faria isso, que eu certamente faria isso. Assim, o vínculo tem sentido duplo: do conhecimento de Deus sobre algo até a ação em si, e da ação em si até o conhecimento de Deus sobre ela. Porém, isso não é a mesma coisa que a direção da determinação da verdade. Como temos visto, o conhecimento em si não é causal. Com isso, o que faz com que essa afirmação seja verdadeira? Bem, um candidato principal para essa honra é *o que aconteceu em 8 de dezembro de 2013*, ou seja, independentemente se a proposição é verdadeira ou não, ela efetivamente depende do que Tom *fez* nessa data[112].

Com esses princípios em mente, vemos que o problema alegado não é tão sério como geralmente é suposto. Certamente, restam muitas dúvidas. Qual é a base desses aspectos contrafatuais da liberdade[113]?

---

[111] Keith E. Yandell, The Epistemology of Religious Experience (Cambridge: Cambridge University Press, 1993, 360).

[112] Isso pode levantar a questão da retrocausação: O que eu digo implica que temos poder causal sobre o passado? Não, pois tudo que temos é o controle contrafatual sobre as convicções de Deus, não o controle causal. Sobre isso veja William Lane Craig. "Divine Foreknowledge and Newcomb's Paradox", *Philosophia* 17 (1987):331-50.

[113] William Lane Craig afirma contundentemente que a denominada "Grounding Objection" ainda não foi claramente es tabelecida. Veja especialmente seu trabalho

A "Solução Okhamiana" é compatível com a temporalidade divina, ou requer uma visão atemporal de Deus[114]? E como Deus sabe o futuro[115]? Não abordarei questões como estas, apesar de serem importantes. No entanto, devemos ser capazes de ver – mesmo que com esse breve resumo – a razão de o Argumento Comum não ser tão preocupante como geralmente se supõe. Conforme colocado por Yandell, "Embora a direção do vínculo seja mútua, a direção da determinação da verdade tem um único sentido, e seu único sentido é expresso de forma a evitar o surgimento dos problemas alegados[116]. Podemos afirmar o conhecimento de Deus sobre e eventos futuros, incluindo as escolhas humanas robustamente livres de aceitar ou rejeitar a Sua graça, sem pisar no terreno do determinismo.

CONCLUSÃO

Assim, era Armínio um determinista – se bem que inconfesso? Claramente, a resposta é *não*. O trabalho de Dekker é extremamente criterioso e útil. A lógica modal oferecida na carta a Uytenbogaert pode de fato não ser suficiente para o trabalho doutrinal disponível; no entanto, é preciso lembrar de diversos aspectos. Primeiro, essa carta somente explora essas possibilidades. Segundo, Armínio compartilha essas ideias a um amigo

---

"Middle Knowledge, Truth-Makers and the Grounding Objection, *Faith and Philosophy* (2001):337-52.

[114] Michael C. Rea e Alicia Finch discutem que a estratégia ockhamista requer o Eternalismo; veja seus "Presentism e a Ockham's Way Out", em Kvanvig, *Oxford Studies in Philosophy of Religion*, 1-17.

[115] Sobre isso veja Alvin Plantinga, "Divine Knowledge", em *Christian Perspectives on Religious Knowledge*, ed. C. Stephen Evans e Merold Westphal (Grand Rapids:Eerdmans, 1993), 40-65. Para a discussão do tópico no escolasticismo medieval mais recente, veja por exemplo Eef Dekker, "Does Duns Scotus Needs Molina? On Divine Foreknowledge and Co-causality", em *John Duns Scotus: Renewal of Philosophy*.113-22; e Gloria Frost, "John Duns Scotus on God's Knowledge of Sins: A Test-Case for God's Knowledge of Contingents", *Journal of the History of Philosophy* (2010):15-34.

[116] Yandell, *The Epistemology of Religious Experience*, 361.

de um modo obviamente experimental[117]. Terceiro, e o mais importante, seus trabalhos posteriores evitam esses problemas[118].

Assim (mais uma vez), era Armínio um determinista? A rigor, uma vez que ele discorre sobre pontos *nessa carta* que parecem deixá-lo incapaz de escapar do determinismo, a resposta poderia ser um sim. No sentido mais amplo de suas próprias intenções, claramente não; e, num sentido ainda mais amplo de sua bibliografia e de seu legado, a resposta deve ser tão clara como suas intenções: ele *não era* comprometido com o determinismo, de forma intencional ou não, se esforça desmedidamente para superá-lo, e toda sua madura obra tem recursos necessários para confirmar esse fato.

---

[117] Por exemplo, Dekker, "Jacob Arminius and His Logic", 138, 142.

[118] Quer isso fosse verdadeiro ou não, ou até que ponto, Armínio *compreendeu* que "essas proposições traziam problemas".

CAPÍTULO 3

Além de Lutero, Calvino e Armínio: os peregrinos e os remonstrantes em Leiden (1609-1620)

Jeremy Dupertuis Bangs

Antes de empreenderem sua famosa viagem para a América a bordo do *Mayflower* em 1620, os peregrinos se exilaram em Leiden desde 1609, estando inseridos em um contexto de grandes conflitos entre os seguidores de Jacó Armínio e os de Francisco Gomaro – os remonstrantes e os contrarremonstrantes. O ministro dos peregrinos John Robinson foi "arrastado" para esse caos teológico. Enquanto os primeiros peregrinos partiam para Nova Inglaterra, Robinson lamentava:

> [...] o estado e a condição das igrejas reformadas, que tinham surgido até um ponto da religião, e não avançariam além do que os instrumentos de suas reformas. Citava, por exemplo, os luteranos, que não conseguiam se mover para além do que Lutero havia visto; independentemente da parte da vontade de Deus que ele posteriormente compartilhara e

revelara a Calvino, seus seguidores preferentemente iriam morrer a adotar isso. Isso acontecera [...] com os calvinistas, que pararam no ponto em que Calvino deixara-os.[119]

Nem os próprios seguidores de Robinson deveriam idolatrar o que ele os havia ensinado, "mas se Deus tivesse de revelar algo [...] por qualquer outro instrumento, [eles deveriam estar] prontos para acolher"[120]. Robinson estava confiante de que "o Senhor ainda tinha mais verdade e luz para 'emanar' além de sua Palavra Sagrada".

Qual era "o estado e a condição das igrejas reformadas" quando os peregrinos viviam em Leiden? O que provocara a intervenção pelo rei James I da Inglaterra? Que papel desempenhara John Robinson? Que nova luz e verdade estava emanando? Neste estudo, focaremos nesses tópicos[121].

1603-1608: JAMES I, JOHN ROBINSON E O NASCIMENTO DOS PEREGRINOS

Os peregrinos tiveram origem no movimento puritano inglês do século XVI. Quando a rainha Elizabete I morreu e foi sucedida por seu primo, o rei James VI da Escócia (que passou a ser rei James I da Inglaterra), muitos puritanos esperaram por uma reformulação na direção do presbiterianismo escocês. Entre esses reformistas desejosos de mudanças estava John Robinson, um ex-diretor da Corpus Christi College em

---

[119] Edward Winslow, *Hyprocrisie Unsmaked* (Londres: John Bellamy. 1646), 97.

[120] Idem.

[121] Para uma exploração mais detalhada sobre esse tópico, veja Jeremy Dupertuis Bangs, *Strangers and Pilgrims, Travellers and Sojourners – Leiden and the Foundations of Plymoth Plantation* (Plymouth, Mass.: General Society of Mayflower Descendants, 2009). Para a relação de Robinson com o pensamento calvinista inglês, veja Timothy George, *John Robinson and the English Separatist Tradition* (Macon, Ga.: Mercer University Press, 1982; e Stephen Brachlow, *The Communion of Saints: Radical Puritan and Separatist Ecclesiology*, 1570-1625 (Oxford: Oxford University Press, 1988).

Cambridge e o futuro ministro dos peregrinos – inclusive pregara um sermão de agradecimento a Deus "por ter enviado (James) para ser seu rei, e em cujo reino há uma grande esperança da continuação da paz e do Evangelho a ser pregado"[122].

Avisos terríveis acompanhavam essa fervorosa esperança, pois, continuara Robinson, se os ingleses não "se voltassem ao Senhor e ao arrependimento", Deus puniria a nação "tomando o príncipe e o rei deles". Ameaças usando a vingança divina eram normais; a tensão aumentou a partir do confronto entre a demanda por uma escolha moral individual e a questão da definição e da extensão do conhecimento de Deus – e da consequente responsabilidade por uma futura predestinação.

Robinson havia aprendido as premissas desse tipo de teologia quando estudara em Cambridge sob a tutela do renomado teólogo calvinista William Perkins (há uma publicação póstuma de Armínio, *Examination of Perkins' Pamphlet* [Exame do Panfleto de Perkins], que contradiz não somente as convicções de Perkins, mas também as convicções mantidas por Robinson)[123].

Em uma confrontação dramática com o novo rei, em 1603, alguns ministros alegaram representar milhares de puritanos insatisfeitos que exigiam reformas importantes. O rei ouviu suas demandas apenas no ano seguinte, no Hampton Court Palace, mas, por fim, se limitou a fazer algumas ligeiras mudanças. Robinson perdeu seu entusiasmo pelo rei James quando o monarca comentou que as questões mais importantes levantadas pelos puritanos não tinham grande importância e deveriam ser relegadas à discussão acadêmica. O protesto dos puritanos provocou a conhecida ameaça real: "Se isso é tudo o que eles têm a dizer, eu os farei se conformarem, os expulsarei dessas terras ou farei coisas ainda piores"[124]. As novas regras exigiam conformidade.

---

[122] Registrum Vagum Anthony Harrison, I, Norfolk Record Society, XXXII, 34-36, 156-59, citado e marcado em George, *John Robinson and the English Separatist Tradition*, 69-71.

[123] *Exam. Perk.*, em *Works*, 3:249-484.

[124] A citação é encontrada em William Barlow's *The Summe and Substance of the Conference... at Hampton Court*, publicado em Edward Cardwell, ed., History of Conferences, 186,

No entanto, logo após a Hampton Court Conference, Robinson ficaria tocado por dois sermões que ouvira em Cambridge, a ponto de questionar essa conformidade à Igreja da Inglaterra[125]. Primeiro, Lawrence Chadderton pregou sobre o texto "[...] exponha o assunto à igreja" (Mt 18.17), e o defendeu como um comando divino de que os principais problemas deveriam ser discutidos diante de toda a congregação. Robinson observou que essa prática não era seguida na Igreja da Inglaterra, uma vez que lidavam com a censura. Em vez disso, os pecadores eram intimados diante das cortes eclesiásticas externas às suas próprias congregações. Para Robinson, isso levantava uma questão de suma importância: como poderia ele, sabendo o que uma igreja deveria ser, permanecer membro de uma igreja impura – a Igreja da Inglaterra?

Durante aquela tarde, Paul Baynes, o sucessor de William Perkins, pregou sobre a obrigação cristã de abandonar a associação com os infiéis, ou, conforme colocado por Robinson, "a ilegitimidade do diálogo familiar entre os servos de Deus e os ímpios". Não havia Deus separado a luz das trevas? Não estariam os ditos ímpios ofendidos, ele se perguntou, "ocasionando que eles pensassem as mesmas coisas, como uma revoada de pássaros de uma única espécie que só voam juntos"[126]? A conclusão era clara: Deus havia separado a luz das trevas, e isso significava que o fiel deveria abandonar o não convertido. Esse foi um momento decisivo na vida de Robinson e, em vez de sentir seu coração estranhamente aquecido, sua mente foi assomada pela clareza fria da lógica de Calvino.

Em 1606, Robinson reuniu outros teólogos puritanos para decidirem suas respostas às regras recém-impostas, que exigiam conformidade; entre os participantes estavam: John Dod, Arthur Hildersham, Richard Clyfton, John Smyth e Richard Bernard. Alguns optaram pela permanência resignada na Igreja da Inglaterra, incluindo Dod e Hildersham.

---

citado em H. C. Porter, *Reformation and Reaction in Tudor Cambridge*, 2ª ed. (Hamden, Conn.: The Shoe String Shoe, Archon Book, 1972), 406.

[125] John Robinson, *A Manumission to a Manuduction...* (s.l.: s.n., 1615), 20-21.
[126] Idem.

Até essa reunião, Clyfton e Bernard aparentemente ainda pensavam que as congregações locais poderiam ser reformuladas pela criação de uma aliança de pequenos grupos dentro delas (*ecclesiolae in ecclesiae* – a forma do movimento pietista mais recente, ou talvez aquela com grupos internos no formato de protótipos). Smyth e Robinson defendiam a separação e, evidentemente, convenceram Clyfton.

Embora Robinson influenciasse Clyfton, foi este último quem permaneceu no centro geográfico do nascimento dos peregrinos. A essa época, Robinson ainda vivia em Norwich, local em que perderia sua posição de ministro assistente da St. Andrews. Clyfton havia perdido sua posição de reitor da Babworth em 1605 e, em 1606, se tornaria o primeiro-ministro da Congregação Separatista que formara em Scrooby, onde posteriormente seus membros se tornariam conhecidos como os peregrinos. Ainda enquanto reitor de Babworth, Clyfton pregava alternadamente nas igrejas próximas de Bawtry e Scrooby, onde leigos puritanos davam suporte financeiro ao seu ministério.

Entre esses leigos despontava a figura de William Brewster, que havia estudado em Cambridge. Depois, abandonara a universidade para ser secretário particular de William Davison, um servidor do governo que se tornaria secretário de Estado inglês. Brewster também acompanhara Davison em uma visita diplomática à Holanda em meados de 1585 e 1586. Entre as cidades visitadas estava Leiden. Brewster, tendo adquirido amplo conhecimento em política internacional, retornaria por volta de 1595 a Scrooby, cidade em que passara sua adolescência. Ele sucederia seu pai como diretor e gerente dos Correios dessa localidade, de propriedade do arcebispo de York.

Em 1598, Brewster foi indiciado por "repetir sermões publicamente na igreja sem ter autoridade pra isso"[127]. Em outras palavras, Brewster comandou discussões religiosas sobre dissidência na igreja paroquial antes de, finalmente, se tornar um dos líderes do grupo separatista formado

---

[127] University of Nottingham, Presentments Project, NA/PB 292/1-9; NA/PB 292/46 (Scrooby, 1598).

em 1606, que se reunia secretamente numa mansão ou eventualmente em outros locais da cidade. John Robinson começa a fazer parte desse grupo ao retornar para sua cidade natal, a vizinha Sturto le Steeple, entre a primavera e o verão de 1607. Os separatistas dessa região consolidaram e formaram duas congregações distintas. Além de Scrooby, outro foco era a cidade de Gainsborough, em que John Smyth era o pregador e Thomas Helwys um dos principais colaboradores leigos (posteriormente, este se tornaria um dos fundadores da Igreja Batista Inglesa).

O aumento das perseguições forçava esses fiéis a se reunirem secretamente. O fato de Brewster e Helwys morarem em mansões construídas com fossos dava-lhes uma certa segurança, da mesma forma que o suporte dado por Thomas Hickman na antiga prefeitura de Gainsborough. As pessoas que não participavam da missa dominical na igreja paroquial eram obrigadas a comparecer diante de cortes eclesiásticas para serem multadas. Denúncias e reprimendas, excomunhões e reintegrações – este foi somente o início do aumento das penalidades. Essa famosa sequência incluía multas severas, prisões e, nos casos de intransigência, confisco de propriedades e banimentos do país. As perseguições foram lembradas anos depois. Eles eram "caçados e perseguidos de todos os cantos, de modo que suas aflições anteriores pareciam insignificantes em comparação com o que passavam naqueles tempos. Alguns deles foram capturados e presos, outros tiveram as casas cercadas e vigiadas noite e dia, e dificilmente escapavam"[128].

Em 20 de janeiro de 1607, um tsunami atinge o sudoeste da Inglaterra e enormes ondas lavaram o Canal de Bristol, inundando várias milhas ilha adentro, que terminaram por submergir mais de 30 vilarejos na Inglaterra e País de Gales. As pessoas estavam certas de que esse fenômeno fora resultado da mão punitiva de Deus; surgiu até um panfleto com os dizeres *God's Warning to His people of England*[129] (*O Aviso de Deus*

---

[128] William Bradford, *Bradford's History "Of Plymoth Plantation", From the Original Manuscript* (Boston: Wright & Potter, 1901), 11-15.

[129] William Jones, "God's Warning to His People of England.By the Great Overflowing of the Waters..." (Londres: W.Barley and Io. Bayly, 1607).

para o Seu povo da Inglaterra). O tsunami foi seguido de uma seca, perda da lavoura e fome generalizada da população.

No fim do verão, chegavam informações à região de Scrooby de que a praga havia retornado a Londres e outras cidades. Scrooby já havia sofrido com a praga entre 1602 e 1603. Agora, a morte retornava. Finalmente, em meados de setembro, um espetacular cometa cingia os céus ocidentais – certamente, um sinal do desgosto de Deus. Presságios divinos apontavam para Robinson e seus correligionários por toda a parte. Os peregrinos agiram rapidamente a fim de escapar para a Holanda, onde sabiam que outros separatistas desfrutavam uma liberdade religiosa desde os anos 1590. Sentiram-se compelidos a criar uma igreja verdadeira. Após nove meses em Amsterdã, a maioria dos peregrinos se muda para Leiden.

1609: ARMÍNIO E ROBINSON SÃO VIZINHOS EM LEIDEN

Em Leiden, entre milhares de outros refugiados, os peregrinos encontram lugares para morar onde fosse possível. De fato, nessa época, os refugiados respondiam por um terço da população da cidade – cerca de 45 mil pessoas. William Breister alugara uma casa atrás da famosa Pieterskerk. John Robinson morava em um lado da praça em frente da igreja, tornando-se vizinho de Armínio, cuja casa também ficava de frente para o pátio da igreja. O opositor de Armínio, Francisco Gomaro, morava no final da mesma rua em que Robinson morava, exatamente passando o prédio da universidade, do outro lado da ponte. Leiden era uma cidade pequena. Os moradores se conheciam. Robinson e Armínio muito provavelmente se encontraram, embora o último estivesse adoentado, morrendo cerca de seis meses após a chegada dos peregrinos.

Os conflitos públicos entre Armínio e Gomaro tinham atraído a atenção do povo desde seu aparecimento, antes [da constituição] dos Estados da Holanda (isto é, a Assembleia Nacional Constituinte que governaria a província da Holanda) no verão de 1608. Robinson não estava, no entanto, envolvido imediatamente nessas disputas. Ele dispensava sua atenção nas respostas (em artigos) às objeções de separação levantadas por antigos amigos da Inglaterra que não se tornaram separatistas: John Burgess, Joseph Hall e Richard Bernard.

De sua residência em Leiden, Robinson respondia a seus críticos na Inglaterra, enquanto compunha seu livro *Justification of Separation* [*Justificação da Separação*] (publicado em 1610)[130]. Em termos de método e lógica, Robinson e Armínio eram muito parecidos. A exemplo de muitos outros teólogos da época, eles usavam a Bíblia como uma fonte uniforme de termos que precisavam ser combinados em demonstrações aceitavelmente lógicas. Eles não eram apenas praticantes comuns da teologia escolástica num sentido geral, mas, inclusive, compartilhavam as teorias e métodos particulares de Jacomo Zabarella (1553-1589).

Para esse pensador, dois métodos levavam à verdade. A composição – o método da metafísica, incluindo a teologia – é um argumento demonstrativo que vai dos princípios gerais aos efeitos particulares. A resolução – o método muito mais da prática do que das ciências contemplativas – prossegue dos efeitos particulares de volta aos princípios gerais que exemplificam. Quando os silogismos dos dois métodos (dedutivo e indutivo) geram conclusões idênticas (embora em ordem inversa), eles fornecem a confirmação mútua[131].

A versão de Zabarella cativou a atenção dos escolásticos protestantes no final do século XVI e início do século XVII no norte da Europa. Afinal, eles buscavam um meio de testar as Escrituras contra as Escrituras, de modo a determinar sua correta interpretação sem dependência da autoridade papal ou da tradição católica. Armínio tinha viajado para

---

[130] John Robinson, *A Justification of Separation from the Church of England...* (s.l. [Amsterdã]:s.n. [Giles Thorp], 1610).

[131] Sobre Zabarella, veja William F. Edwards, "The Logic of Jacopo Zabarella (1533-1589)" (dissertação de PhD, Columbia University, 1960); John Norman Randall, Jr., "The Development of Scientic Method in the School of Padua", *Journal of the History of Ideas* 1 (1940): 177-206; posteriormente, os artigos de Heikki Mikkeli na *Stanford Encyclopedia of Philosophy*, publicação on-line.

Pádua expressamente para assistir a uma aula de Zabarella. Em uma carta a John Burgess, em 1609, Robinson se referia explicitamente a Zabarella como a fonte das distinções filosóficas que suportavam sua definição das palavras "igreja" e "igrejas" como referentes a "assembleias particulares e sociedades espirituais"[132].

Suas respectivas teologias também mantinham uma certa afinidade. Por exemplo, como Calvino e os teólogos cristãos clássicos que eram comprometidos com a filosofia de Platão, Armínio fielmente mantinha os atributos divinos tradicionais, incluindo a imutabilidade de Deus.

O relacionamento das Escrituras, a tradição e a formulação da doutrina eram mais complicadas para Armínio e Robinson, mas havia algumas afinidades entre eles. Armínio com frequência insistia na necessidade vital da humildade em assuntos de debate e discussão teológica. Enquanto algumas doutrinas eram precisas e ligadas às Escrituras, outras não eram tão claras, o que convidava a (e até exigia) uma capacidade de se discordar de modo consentido. Ele mantinha um papel positivo para a tradição, incluindo as assembleias eclesiásticas, como testemunhos da verdade divina da Bíblia. Essas assembleias podiam errar, mas não necessariamente erravam. John Robinson adotava um senso mais radical da provisionalidade da doutrina e expressava total desconfiança com tudo, exceto na Bíblia (e na Crença dos Apóstolos) como fonte confiável da verdade divina. Como escreveu a seus seguidores, "A primeira coisa em que devemos acreditar [é] que não devemos acreditar em nada, exceto no que está de acordo com as Escrituras Sagradas. Todas as outras coisas são humanas, e o ser humano está aqui para errar, e ser enganado. O costume da Igreja não passa do costume do homem; a sentença dos pais, da manifestação dos homens; e as determinações dos conselhos, do julgamento dos homens"[133].

---

[132] Champlin Burrage, ed., *An Answer to John Robinson of Leyden by a Puritan Friend, Now First Published from a Manuscript of A.D. 1609*, Harvard Theological Studies 9 (Cambridge, Mass.: Harvard University Press, 1920), 4.

[133] John Robinson, *The Works of John Robinson, Pastor of the Pilgrim Fathers...*, ed. Robert Ashton (Londres: John Snow, 1851), 1:47.

O último sentimento, Robinson reconhece ser originário de William Whitaker, que escrevera: "Finalmente, concílios, padres e papas são homens, e as Escrituras atestam que todos os homens são falíveis"[134]. Essa desconfiança nos símbolos conciliares sublinha a recusa dos colonos de Plymouth em tornar a Confissão Belga vigente, mesmo quando seus investidores londrinos exigiam um requerimento formal de assentamento dos colonos[135]. A decisão de Plymouth deve ter sido inspirada pela influência em curso da admoestação teológica de Robinson. O senso radical de provisionalidade doutrinal corria junto com sua humildade em reconhecer as Escrituras como fonte indomável e indômita de teologia.

Embora Armínio mantivesse o ponto de vista de Whitaker de que um leigo fidedigno pode ser um intérprete da Bíblia mais capacitado que o Papa, ele também destacava que a verdade bíblica traduzida em suas línguas originais somente é acessível a estudiosos instruídos nessas línguas. Armínio ainda mantinha a importância do eficaz uso da lógica e dos silogismos, mas esses métodos não poderiam se sustentar em seus próprios termos. Em outras palavras, as habilidades linguísticas de professores humanistas (tais como ele próprio) eram essenciais para a prática de interpretações e traduções bíblicas fidedignas.

Robinson, por outro lado, enfatizava que a interpretação da Bíblia, denominada "profetização", poderia ser conduzida por qualquer pessoa, não apenas por um clérigo instruído. O segredo para a veracidade da interpretação era se essa conseguiria resistir a um escrutínio crítico em sua estrutura lógica. Assim, a congregação liderada por Robinson praticava uma forma mais democrática de discussão religiosa: os leigos interpretavam as Escrituras, e o pastor Robinson, auxiliado por Elder Brewster (ambos universitários treinados), oferecia instrução corretiva com enfoque prático em lógica.

---

[134] William Whitaker (trad., Wiliam Fitzgerald), *A Disputation on Holy Scripture, Against the Papists...* (Cambridge University Press, 1849) 449; veja também 275-378, 447-66.

[135] Bradford, *Bradford's History "Of Plimoth Plantation"*, 239.

Se assumirmos que Robinson tenha sido um líder carismático de modo a inspirar sua igreja a executar essas ações corajosas, como foi feito, esse ponto deve ser parte de seu entusiasmo. A verdade poderia ser encontrada na Bíblia por todos, e ser conhecida efetivamente por meio de uma análise lógica e propriamente racional que ele conseguia prover. Nem todos tinham o dom da profecia, e nem todo comentário amador era igualmente instrutivo. Robinson, no entanto, enfatizava que interpretar a Bíblia não era uma aptidão restrita aos clérigos e que entre os leigos de qualquer determinada congregação esperar-se-ia encontrar alguns cujas palavras deveriam ser ouvidas. De fato, até mesmo apontava exemplos específicos de mulheres com o dom da profecia para descobrir uma regra geral em que, às vezes, essas deveriam falar legitimamente na igreja – em oposição ao particular exemplo contraditório de quando o apóstolo Paulo quis que as mulheres ficassem em silêncio.

Entre suas diferenças teológicas, a mais acentuada pertence ao papel de Deus na queda da humanidade. Armínio havia rechaçado a teoria de Perkins (compartilhada por Robinson), de acordo com a qual a queda de Adão fora preordenada por Deus como forma de demonstrar misericórdia e justiça. Armínio comentava que "esse sentimento é antagônico com a justiça divina, pois faz de Deus o autor do pecado e infere a inevitável necessidade do pecado... Assim, a concessão de tal decreto impossibilitaria o homem de se abster do ato de pecar"[136].

Robinson não nega expressamente o peso que esse sistema acarreta a Deus como o autor do pecado e, sobretudo, quando confrontado repetidamente com o problema do mal, sustentava que o mal em si deve ser essencialmente algo bom, de tal superior modo que os homens falíveis seriam muito ignorantes para entender. Sem dúvida, ele buscava incluir

---

[136] *Exam. Perk.*, em *Works*, 3:281, veja também a p. 352, em que Armínio descreve as visões de Perkins dessa forma: "O pecado está conectado necessariamente a o decreto de Deus, mas não depende dele, de modo que o homem não pode pecar, pois senão esse decreto seria infundado. Como Deus ordenou aos homens pecarem, mas decretou absolutamente punir muitos pelos pecados, Ele simplesmente destinou a maioria dos homens para o fogo do Inferno".

Isaías 45:7, de acordo com o qual (na tradução de Calvino da Bíblia) Deus dizia, "Eu formo a luz e crio as trevas: promovo a paz e crio os conflitos; eu, o Senhor, faço todas essas coisas".

Qualquer teologia que incorporasse a liberdade de escolha (e, com isso, substituísse a responsabilidade pelo mal na opção do ator) era considerada um ataque herético nas propriedades divinas da onisciência e da onipotência. Esse tipo de enigma faz da imperfeição do entendimento humano um aspecto essencial do entendimento de Robinson e de outros peregrinos sobre eles mesmos e a humanidade em geral.

1609 – 1613: OS PROTESTOS INGLESES PARA O SUCESSOR DE ARMÍNIO EM LEIDEN

Enquanto John Robinson debatia com seus conhecidos ingleses, ele e outros peregrinos estabeleciam suas vidas no exílio. Robinson e Brewster se conhecem e tornam-se amigos de alguns de seus novos vizinhos, incluindo os clérigos reformados envolvidos nas correntes disputas que não parariam com a morte de Armínio, no fim de 1609. Robinson passa a ser membro da universidade e fora convidado para participar dos debates teológicos entre os arminianos e os antiarminianos. De acordo com William Bradford – o historiador dos peregrinos –, John Robinson era "terrível com os arminianos"[137]. Os três tópicos mais importantes eram a predestinação, a liberdade do debate teológico e a relação apropriada entre Igreja e Estado.

As circunstâncias mudaram rapidamente após a morte de Armínio. Johannes Uytenbogaert liderava a defesa das perspectivas arminianas. Ele era pregador da corte em Haia e capelão do príncipe Maurício, o sucessor de seu pai príncipe William, o Taciturno, como líder militar da revolta holandesa. Tendo se consultado primeiro com Johan van Oldenbarnevelt (que era o chefe do governo civil holandês) em janeiro

---

[137] Bradford, *Bradford's History "Of Plimoth Plantation"*, 28.

de 1610, Uytenbogaert e mais 45 clérigos arminianos apresentaram uma "Remonstrância" ao Parlamento provincial: a Assembleia Nacional Constituinte e a Frísia Ocidental. Eles pediam tolerância continuada dentro da igreja reformada com a posição teológica arminiana; inclusive, insistiam que essa tolerância fosse mantida e protegida por uma autoridade civil benevolente. A posição arminiana remonstrante sobre a predestinação era a que Deus, antes da criação do mundo, havia decidido salvar para a vida eterna aqueles que pela graça divina acreditavam em Cristo e persistiam com essa crença até a morte. Tal graça não era irresistível. Cristo havia morrido por todas as pessoas, embora somente os que acreditavam seriam beneficiários. Um crente poderia ter um lapso e cair novamente na descrença.

Seus opositores, os gomaristas, eram calvinistas estritos que acreditavam que Deus, antes da criação, havia predestinado salvar pessoas específicas (os "eleitos") e condenar outras pessoas específicas (os "condenados"). Os antiarminianos lançaram suas ideias com uma "Contrarremonstrância" e Robinson concorreu com a formulação calvinista/gomarista da expiação limitada: "Portanto, o preconizado pelos apóstolos não é que Cristo morrera por todas as pessoas, mas sim que todas por quem morreu deverão ser salvas por ele e, visto que não são todas, segue-se então que ele não morreu por todos os seres humanos conforme os arminianos preconizavam"[138].

Os remonstrantes e contrarremonstrantes emprestaram seus nomes para as facções políticas e religiosas nas crescentes tensões entre os arminianos e os gomaristas: um lado enfatizava discussões tolerantes e a aceitação mútua de pessoas com diferentes pontos de vista; o outro lado exigia aderência obrigatória a uma formulação fechada e rígida da teologia de Teodoro Beza – uma versão sistemática da teologia de Calvino, redefinida por Gomaro e seus aliados.

---

[138] John Robinson, *A Defence of the Doctrine Propounded by the Synod at Dort* (s.l.; s.n., 1624), 60-61.

Uma característica-chave da moderação arminiana era a posição de que afirmações dogmáticas deveriam ser limitadas aos pontos essenciais e que vários tópicos teológicos que não eram explicitamente tratados na Bíblia deveriam ficar na condição de indeterminados e abertos à discussão acadêmica e a desacordos. Essa tolerância à dissenção era uma negação do axioma cujas ambiguidades um apropriado bom senso conseguiria resolver; a doutrina reformada poderia ser exaustiva e permanentemente codificada, não deixando espaço para divergências.

Considerando a Bíblia como a única autoridade em questões doutrinais, os arminianos queriam submeter a Confissão Belga e o Catecismo de Heidelberg (dois pilares principais da teologia reformada) à crítica bíblica e, quando necessário, modificá-los e melhorá-los. Os gomaristas insistiam que esses documentos, sendo derivados unicamente das Escrituras, exibiam completa consistência com elas. Por coincidência, Robinson e os peregrinos concordavam com os remonstrantes ao não aceitar a Confissão Belga como definitiva e dogmaticamente vinculante (apesar de não discordarem de suas formulações).

A criação de facções no alto escalão político se refletiu por toda a sociedade. Em meados de agosto de 1610, a Assembleia Legislativa de Leiden, composta predominantemente de membros arminianos, estava considerando a melhor forma de extinguir o que denominavam "a desunião que tinha surgido na religião a respeito da doutrina da predestinação", pois estavam acontecendo reuniões com debates não apenas nas ruas e lojas, mas também nas igrejas, que, supostamente, levavam a resultados danosos – a tal ponto de os respectivos ministros de cada lado começarem a se ofender com palavras como 'falso' em meio a um grande alvoroço"[139].

O governo simplesmente proibiu essas reuniões, sob pena de puni-los arbitrariamente – um ato nulo. Reiteradamente, e de forma fútil, a Assembleia Legislativa decidira que o direito da nação de legislar questões

---

[139] Cornelius van Weesp, *Memoriael ofte gheheuchnis boeck* (manuscrito na biblioteca do Arquivo Regional de Leiden), 3-4.

religiosas deveria ser mantido e que os contrarremonstrantes deveriam obedecer a esse princípio. À época, os contrarremonstrantes rejeitavam a ideia de que o governo civil arminiano deveria supervisionar a Igreja, de modo que uma ordem vinda da esfera municipal para um grupo ser tolerado e o outro punido não gerava nenhum respeito.

A ironia de uma ordem desse tipo ("Não toleraremos a intolerância") parecia passar despercebida por todos os envolvidos. As preferências de Robinson sobre essas questões recaiam evidentemente do lado dos antiarminianos. Os peregrinos, que tinham sofrido sob os aspectos teocráticos do governo inglês, conseguiam discutir idealisticamente pela separação entre a Igreja e o Estado, espelhando uma posição favorecida pelos antiarminianos holandeses mais pela prática do que por razões baseadas em princípios.

Em Leiden, a corte tinha o voto decisivo na indicação dos clérigos reformados. Desde a década de 1580, eles tentavam pacificar as facções religiosas com nomeações harmoniosas de ministros com visões opostas. Os burgomestres eram também curadores da universidade e tentavam impor o mesmo equilíbrio de forças na faculdade de teologia. Para suceder a Jacó Armínio na cadeira de professor de teologia, em 1610, a Universidade de Leiden apontou o professor alemão Conrad Vorstius. Armínio, Uytenbogaert e Vorstius lecionavam um Calvinismo moderado e envolvente, em contraste com o desenvolvimento de um Calvinismo cada vez mais estridente e estrito, como o representado em Leiden por Gomaro e o ministro Festus Hommius (que também mantinha uma posição na faculdade). Robinson rapidamente travou amizade com Hommius.

Os antiarminianos reagiram imediatamente à nomeação de Vorstius[140]. Para impedi-lo de lecionar, acusaram-no de ser um herege, particularmente chamando-o de sociniano (ou seja, um antitrinitariano). Ao longo das disputas entre remonstrantes e contrarremonstrantes,

---

[140] Gerard Brandt, *Historie der Reformatie, en andre Kerekelyke Geschiedenissen, in en omtrent de Nederland* (Amsterdã: Jan Rieuwertsz., Henrik and Dirk Boom, 1674), 2:146-47.

assim como nos ataques contra Armínio e Vorstius, os oponentes do grupo mais tolerante que tinha caracterizado a discussão teológica holandesa desde o século XVI descreviam propagandisticamente suas doutrinas, e unicamente elas, como "ortodoxas". Chamavam as ideias de Armínio e de seus seguidores de inovações, implicando que inovações como tal eram falíveis, e que suas próprias visões incorporavam uma antiga e inalterável verdade. A inovação – que necessariamente envolve mudança – seria imperfeita, caso a inalterabilidade fosse um aspecto da perfeição.

Muito embora seu conjunto de silogismos houvesse sido construído recentemente, imaginavam que suas conclusões eram implicadas pelos antigos textos divinamente inspirados e que, portanto, a verdade era definida por ideias surgidas antes da criação. Essa fechada e rígida teologia reformada que os antiarminianos alegavam ser a única verdade, no entanto, fora primeiramente proclamada "ortodoxa" por um sínodo nacional – o de Dort, entre 1618 e 1619. Imediatamente, foram oficialmente declaradas hereges as visões alternativas sobre as mesmas posições principais. Assim, qualquer descrição das disputas antes de 1618 que, sem qualificação, aplica a palavra *ortodoxa* para descrever a posição antiarminiana ou antivorstiana, é consequentemente anacrônica e impensada ou tendenciosa[141]. Tanto Armínio como Gomaro permaneceram dentro da igreja reformada. Suas diferenças teológicas ainda poderiam encontrar um espaço mútuo dentro dessa igreja, até Gomaro e seus seguidores obterem êxito ao estreitar as definições do que poderia ser discutido e tolerado e, consequentemente, conseguirem dividir a igreja.

O antitrinitarianismo, por outro lado, era considerado herético pela maior parte dos outros cristãos, incluindo os protestantes e seguidores da Igreja da Inglaterra, bem como por Robinson e os peregrinos. Também chamado socinianismo (devido a um antigo teólogo da linha antitrinitariana de nome Fausto Socino), essa vertente do pensamento cristão

---

[141] Isso é discutido mais extensivamente em Jeremy Bangs, *Strangers and Pilgrims*, 472-75.

aplicava rigorosamente a regra de confiar unicamente nas Escrituras. Embora diversas passagens sugiram o conceito da Trindade, não há, em nenhum ponto da Bíblia, uma referência explícita à Trindade. Que 1 João 5:7-8 (o *Coma Johanneum*) não é encontrado em nenhum dos primeiros manuscritos bíblicos, e que essa deva ser uma interpolação descoberta por Erasmo, era um fato conhecido entre os teólogos.[142] Mas apenas os antitrinitarianos abordavam o problema, tentando redefinir seus conceitos sobre Deus e o relacionamento de Jesus com o Pai, plenamente conscientes de que a formulação trinitariana era simplesmente uma resolução dogmática adotada por um conselho (e, portanto, sujeita a erro em suas visões).[143] A maioria dos cristãos (a exemplo de toda a Teoria Calvinista) pensava que o conceito da Trindade estava logicamente implícito pelos textos primitivos da Bíblia, mesmo se não fossem nela encontrados. Daí que fora considerado uma verdade que surgira antes da criação. A lógica alternativa era declarada herética e inovadora.

A rejeição generalizada dessa heterodoxia antitrinitariana baseada na Bíblia indicava que não havia melhor meio de desacreditar um teólogo reformado do que acusá-lo de sociniano. Vorstius assegurava às pessoas que ele era trinitariano, não um sociniano. Seus opositores alegavam que, astutamente, ele estava dissimulando suas verdadeiras convicções. Matthew Slade, um ex-separatista inglês de Amsterdã, havia casado com a filha de Peter Plancius, um pregador violentamente antiarminiano da cidade. Plancius denunciava publicamente Vorstius e

---

[142] Calvino reconhece que a palavra Trindade não consta na Bíblia, e posteriormente admite "que os hereges podem falar rispidamente e que uma censura excessivamente melindrosa da palavra "pessoa" seria inadmissível, em razão de sua origem humana. Ridicularizando seus oponentes, pergunta ele, "em relação a aquelas passagens das Escrituras que, em nossas capacidades, são obscuras e intricadas, o que nos proíbe de explicá-las em termos mais claros?" (Calvino, *Institutes of the Christian Religion*, trad. Henry Beveridge [Grand Rapids: Eerdmans, 1994], I.13.3).

[143] Além da breve discussão em Jeremy Bangs, *Strangers and Pilgrims*, 218-20, 475-86, veja George Huntston Williams, *The Radical Reformation* (Londres: Weindenfeld e Nicolson, 1962); Martin Mulsow e Jan Rohls, eds., *Socinianism and Arminianism, Antitrinitarians, Calvinists, and Cultural Exchange in Seventeenth-Century Europe* (Leiden: Brill, 2005).

os arminianos como agentes que colocavam em risco a pureza da igreja reformada. Slade alertara o embaixador inglês Sir Ralph Winwood a respeito dos sentimentos antiarminianos na cidade. Ele enviou, inclusive, dois pacotes de material contra Vorstius para o Arcebispo de Canterbury, George Abbott. O arcebispo ficou tão alarmado que enviou essas missivas por um mensageiro especial ao rei.

O rei James I respondeu imediatamente com uma carta ao States General (o Parlamento protonacional holandês). Se eles não desistissem da intenção de contratar Vorstius como professor em Leiden e não submetessem seus livros à punição pública, James se declararia, juntamente com a Inglaterra, inimigos da Holanda. Mostrar-se para suportar a heresia era convidar a ira divina (e ele estava falando da ira de uma divindade que poderia arrasar trinta vilarejos em uma única tempestade). Foi ordenado que todos os livros de Vorstius que pudessem ser encontrados seriam queimados em fogueiras em Londres, Oxford e Cambridge. Se Vorstius assumisse sua posição de professor, nenhum aluno do Reino da Inglaterra obteria permissão para estudar em Leiden.

O embaixador Winwood emitiu esse ultimato para o Parlamento holandês em 21 de setembro de 1611. Uytenbogaert, entretanto, havia sido enviado pelo governo para negociar a permissão para Vorstius deixar seu professorado em Steinfurt, de modo a assumi-lo em Leiden. Entre os inúmeros professores e ministros que enviaram cartas de recomendação a favor de Vorstius estava o professor de ética de Leiden, Peter Bertius, que havia conduzido a oração durante o funeral de Armínio. Bertius havia estado pessoalmente em um contato amigável com socinianos nos anos anteriores[144].

Quando Vorstius chega ao Tribunal de Haia, conferentes que o examinam não encontram respostas censuráveis às suas questões, mas uma facção de ministros inspirados por Plancious continuava a

---

[144] Veja Carl Bangs e Jeremy Bangs, "The Remonstrants and the Socinian Exiles in Holland", em *The Proceedings of the Unitarian Universalist Historical Society, Unitarianism in its Sixsteenth and Seventeeth Century Settings, Papers Delivered at Meetings of the Society for Reformation Research* 20:II (1985-1986),105-13.

acusá-lo de heresia. Eles iniciaram uma campanha escrevendo cartas para desacreditar Vorstius, enquanto Slade atiçava a oposição na Inglaterra durante suas viagens para lá. Plancius requisitou as cartas de professores em Heidelberg para desacreditar Vorstius, Bertius e outros que compartilhavam as ideias de Armínio. Um professor antiarminiano em Franeker, Sybrandus Lubberts, rapidamente publicou panfletos e livros contra Vorstius que Slade levou aos dirigentes ingleses.

Em outubro de 1611, o rei James escreve ao Parlamento holandês expressando sua preocupação sobre Vorstius haver recebido permissão para se mudar para Leiden. Se a heresia não fosse extirpada – ele os fez lembrar –, sofreriam a maldição de Deus e infâmia entre todas as igrejas reformadas, além da divisão perpétua e da interrupção de seu corpo político. O embaixador Winwood foi instruído a corroborar o afastamento "desse monstro profano" e a insistir que eles reprimissem "essa licenciosa liberdade de discutir ou debater questões tão improdutivas [...] tanto em Leiden como em todo restante de seus domínios"[145].

Por que as opiniões do rei James eram tão importantes? O período de 1609-1621 correspondia à Trégua dos Doze Anos na revolta holandesa contra a dominação dos Hapsburg. Esse período de paz se inicia após a primeira metade daquela que ficou conhecida como a Guerra dos Oitenta Anos. Depois do assassinato do príncipe William, o "Taciturno", que liderava a revolta, os holandeses pediram ajuda militar à Inglaterra, inclusive mostrando-se dispostos a aceitar a rainha Elizabete como sua soberana. Embora ela prudentemente recusasse, também enviou uma enorme assistência militar em número de homens e quantidade de provisões. O embaixador inglês, diferentemente de todos os outros diplomatas estrangeiros, tinha assento fixo na Assembleia Nacional Holandesa, a maior autoridade governamental do país. As listas detalha-

---

[145] Arquivo Nacional de Haia, Staten Generaal, 1550-1796 (toegangs nr. 101.04), inv. nr. 5885, Pasta p/ 1611: Carta de James I (escrita a caneta, 67-70), [inscrição 6 de outubro, recepção 5 de novembro de 1611; Edmund Sawyer, ed., *Memorials of Affairs of State in the Reign of Q. Elizabeth e K. James I...*, 3 v. (Londres: W. B. for T. Ward, 1725), 3:295, Do Rei ao Sir Ralph Winwood, 6 de outubro de 1611.

das de um general do Exército holandês, mantidas em 1610, mostravam que cerca de 47% da tropa de soldados era constituída de britânicos[146].

Os holandeses precisavam dessa assistência britânica contínua para defender suas fronteiras durante a trégua, além de uma ajuda militar importante no caso de haver uma retomada dos combates[147]. Imaginando-se um defensor indicado por Deus da verdadeira teologia, o rei James usou as circunstâncias militares para chantagear os holandeses no cumprimento de suas demandas. Quando sua resposta demorou mais que o esperado, ele foi informado que um casamento entre seu filho, príncipe Charles (que o sucederia como o rei Charles I), e a filha do rei da Espanha poderia ser um meio apropriado para trazer paz política e religiosa. Os holandeses tinham boas razões para temer que o rei pudesse vir a abandonar suas causas.

Robinson e os peregrinos também tinham razões para temer a interferência inglesa na Holanda, o que poderia afetar a liberdade religiosa que desfrutavam. Simultaneamente, o perigo da vitória espanhola com os Hapsburgs e a supressão de todo o protestantismo assomavam-se como uma efetiva ameaça a seus futuros. A instabilidade dos desenvolvimentos políticos, conforme expressado na intervenção do rei James na questão superficialmente benigna da indicação de um professor de teologia em Leiden, contribuía para a urgência da resolução do dilema dos peregrinos sobre se deveriam permanecer na Holanda ou mudar para outro país.

O indiciamento de que Vorstius ainda era um sociniano (como se isso fosse o previsto obviamente) partiu de um jesuíta, Martin Becano. Ele denunciou toda a teologia protestante, demonstrando com silogismos que as posições protestantes implicavam várias heresias. Qualquer pessoa que acreditasse em suas premissas, implicitamente

---

[146] Simon Stevin, Castrametatio, Dat is Legermetingt (Roterdã: Ian van Waesberche, 1617).

[147] Caspar Sibelius, um ex-aluno de Armínio, listou autores que ele lembrava terem sido tratados em suas palestras de1608: Calvino, Beza, Zanchius, Peter Martyr, Ursino, Piscator, Perkins e outros, incluindo Socino, Acontio, Castellio, Aquinas, Molina e Suarez. Veja Gemeentearchief Deventer. 101 H 16, 17, 18 KL. (3 v.): Caspar Sibelius, Ms. "De curriculo totiu vitae et peregrinationis suae histórica narrativo", I, 51.

deveria sustentar as conclusões que haviam derivado delas. Ao conectar Socino com Vorstius e relacionar este último com as visões teológicas previamente publicadas pelo rei James I, Becano asseverava que a consequência lógica das pressuposições compartilhadas e suas implicações, como demonstrara, eram ateísmo. Por implicação, o rei seria um ateu sociniano (a quem os católicos deveriam destituir do trono).

Vorstius respondeu negando que sua teoria implicasse um antitrinitarianismo sociniano. Embora não tivesse falado em suporte ao socinianismo, havia considerado importante estudar as ideias de seu criador. Armínio, da mesma forma, também discutira em classe as ideias de vários pensadores anticalvinistas, incluindo Fausto Socino e Sebastian Castelio (que havia discutido que o conceito de "ortodoxia" histórica não passava de uma mera arma polêmica com a qual uma parte dominante poderia facilmente condenar seus opositores).

Vorstius, similarmente, pensava que seu dever como teólogo era familiarizar-se com os escritos de qualquer outro teólogo cujos trabalhos poderia obter, nem que fosse somente para refutá-lo. Contra um escolasticismo calvinista cada vez mais estrito, Vorstius requeria liberdade de discussão teológica (a *libertas prophetandi*), que Robinson defendia inclusive para os leigos criteriosos sob o termo *profecia*.

Outros ficaram afligidos pelos silogismos de Becano. O rei James queria que nada tivesse relação com o perigoso professor Vortious, a quem seu embaixador chamava de "o mais marcante ateu que havia nascido em nossa era"[148]. O rei informaria ao States General que uma aliança continuada com a Inglaterra "não seria mais compatível com os ateísmos e heresias de Conrad Vorstius". O que especialmente enfureceu o rei foi um livro de Vorstius: *De Deo,* ou *De Attributis Dei*, de 1610[149]. Slade

---

[148] Sawyer, *Memorials of Affairs of State*, 3:309-11 Protesto de Sir Ralph Winwood na Assembleia Nacional Constituinte a respeito de Vortius, 9 de dezembro de 1611 (Old Style); Sir Ralph Winwood p/ Sr. Trumbull (inglês residente em Bruxelas), de Haia, 12de dezembro de 1611 (Old Style).

[149] Conrad Vortious, *Tractatus theologics de Deo, sive de natura & atributtis Dei...* (Steinfurt: Theoph. Caesar, 1606. Edição amplificada 1610).

assinalou para o rei que Vorstius havia escrito que a existência de Deus é mutável e sujeita aos acidentes do tempo.[150]

Isso representava uma tentativa de dar sentido aos axiomas teológicos de que Cristo era tanto divino como humano, e de que o Deus da Bíblia é um Deus vivo que intervém na história. Além disso, Vorstius, a exemplo de seus contemporâneos, havia tentado esclarecer o que é encontrado na Bíblia, como se cada parte tivesse igual validade e devesse ser considerada seriamente como verdadeira, em algum modo identificável. Vorstius confrontou questões bíblicas que têm atraído atenção nos últimos tempos, e chegou a algumas posições similares a ideias que animam a discussão do "teísmo aberto".

Prenunciando que Deus sabe tudo que pode ser conhecido, mas que o futuro, ainda não tendo acontecido, não está na categoria do que pode ser conhecido – até mesmo por Deus –, essa ideia de mutabilidade levava em consideração a possibilidade de livre arbítrio e o consequente potencial para uma queda da graça. Armínio, no entanto, não foi tão longe conforme observado por Carl Bangs, "ele tentou resolver a dificuldade da presciência: "Como a presciência se refere, estritamente falando, a coisas futuras, não há uma presciência indefinida, pois o conhecimento é que é indefinido, não a presciência; o prefixo 'pre' restringe o conhecimento de possíveis coisas para a presciência de coisas *futuras*, que deverão acontecer".[151] Continua Carl Bangs, "Ele [Armínio] sabia

---

[150] Veja Frederick Shriver, "Orthodoxy and Diplomacy: James I and the Vorstius Affair", *The English Historical Review* 85 (1970): 456. As objeções do rei foram publicadas em tradução holandesa: *Oratie Ghedan door den doorluchtighen/eerentvesten/welgeborenen Heere Rudolphus V. Vinwood Ridger/... Aengaende de beroepinghe Conradi Vorstij, tot de professie der H. Theologie in de Universiteyt tot Leyden* (s.l.; s.n., 1611), fol. Aii, verso, citando de Vorstious, *De Attributis Dei*, 212, 208-9, "Deus est alterabilis, mutabilis, accidentibus subjectus. Godt is alteratie ende veranderinghe ende toevallen onderwopen." Para os desenvolvimentos desse conceito de Deus, veja Lucien Laberthonnière, *Le Réalisme Chretien et l' Idéalisme Grec* (Paris: P. Lethielleux, 1904), e os trabalhos de Nicholas Berdyaev, Alfred North Whitehead, Charles Hartshorne, Bernard Loomer, Bernard Meland e subsequentes teólogos do processo.

[151] C. Bangs, 353, citando *Exam. Gom.*, *Works*, 3;535.

disso havia muito tempo. O *conhecimento* é de *entidades*; a *presciência*, de *possibilidades*. O primeiro é certo, e a última é contingente".

A ideia da mutabilidade divina levava em conta emoções e respostas divinas a escolhas humanas, conforme descrito ao longo de toda a Bíblia. Vorstius havia observado que, na Bíblia, Deus é caracterizado com termos afetivos como "amor, ódio, temor, vontade, alegria, dúvida e outros similares[152]. O rei James ficara especialmente enraivecido por Vorstius conceber Deus como se reagisse com emoção à condição humana. Assim, exigiu que o professor fosse banido de Leiden e fosse julgado pelas igrejas por meio de uma conferência internacional (com seu resultado consignado num documento). Esse é o início do que se tornou o Sínodo de Dort.

Finalmente, os curadores da universidade se curvaram diante da extraordinária pressão, evitando que Vorstius assumisse seu cargo como professor e assegurando-se que ele não vivesse em Leiden, embora continuassem a pagar seu salário. Nesse meio tempo, Gomaro havia pedido demissão em protesto pela indicação de Vorstius e, com isso, a universidade ficara com duas vagas em aberto para a posição de professor de teologia. Eles apontariam Johannes Polyander, que se tornou amigo de John Robinson, e Simon Episcopius, que do ponto de vista teológico era o sucessor de Armínio. Robinson assistia às aulas de ambos, evidentemente atuando como um informante aos antiarminianos daquilo que Episcopius dizia (uma vez que os estudantes boicotavam suas aulas).

Em visita a Inglaterra feita pelo jovem Hugo Grotius, o rei foi convencido a pedir tolerância. Em março de 1613, ele informava ao Parlamento holandês "que para a paz daquelas igrejas [...] ambas as partes deveriam passar a não inserir em seus púlpitos debates sobre pontos sensíveis da predestinação". Ressaltava, ainda, que sentia que ambas as opiniões poderiam consistir na verdade do Cristianismo e na Salvação

---

[152] Vortious, *De Attributis Dei*, 420-21: "Proprie attribuuntur Deo in sacris literis, Amor, odium, metus, desiderium, gaudim, desperatio, & símiles affectiones. Godt wort eyghentlijk inde heylighe Schcriftuere toegheschreven Liefde/ haet/ vreese/ begheerte/ blijschap/ vertwyffe-linghe ende dierghelijcke affecten".

das almas dos homens"¹⁵³. Os ministros deveriam ser expressamente obrigados, dizia o rei, a manter a paz graças à mútua tolerância pela diversidade de opiniões ou sentimentos, ao menos até que a autoridade pública (o governo civil) determinasse de outra forma.

Em janeiro de 1614, a nação holandesa decretava uma regra, impondo a tolerância e obrigando a suspensão das disputas públicas sobre a doutrina da predestinação. O decreto teve pouco efeito, pois essa tolerância era tão antiética aos desejos dos contrarremonstrantes que estes suspeitaram que o rei havia sido ludibriado para assinar um documento com o qual efetivamente não concordava.

1614-1619: A CONVOCAÇÃO INGLESA PARA O SEPARATISMO E UM SÍNODO HOLANDESES

Quando John Robinson, em 1610, publicou seu livro *A Justification of Separation* [*Uma Justificação da Separação*], abordou uma situação surpreendentemente análoga à que enfrentavam os antiarminianos holandeses. Embora sua ira estivesse dirigida diretamente ao rei inglês, o Parlamento holandês também representava uma instância da autoridade civil da magistratura reinante que dominava os assuntos eclesiásticos. Em seu livro posterior, *Of Religious Communion, Private, and Public* [Da Comunhão Religiosa, Privada e Pública], de 1614, voltava seu foco às igrejas holandesas. Recordando, talvez, a advertência do Revelador para a igreja em Efésios 2.4, Robinson lamentava que as igrejas holandesas tinham, "pela continuidade do tempo e da paz [...] perdido a sua pureza original e zelo".¹⁵⁴

Nessa mesma linha, ele assume a responsabilidade de convocar a igreja reformada holandesa de volta aos tempos primitivos de pureza e zelo por meio de uma posterior separação. Sua justificativa para a sepa-

---

[153] Sawyer, Memorials of Affairs of State, 3:451-52.
[154] John Robinson, *Of Religious Communion Private & Publique*... (s.l. [Amsterdã]; s.n., 1614).

ração e o exemplo dos peregrinos poderiam dar inspiração a seus colegas holandeses, que chegavam a uma similar convicção da necessidade de se afastar da igreja estabelecida. Independentemente de o separatismo holandês ter surgido em alguma hipotética ausência de contato com Robinson ou não, ele era, de fato, amigo dos dois principais teólogos antiarminianos (Hommius e Polyander) que instavam a retirada urgente da igreja reformada controlada pelo Estado. Não surpreendentemente, eles usavam os mesmos textos bíblicos para suportar suas ideias.

Um paralelo relativamente próximo da experiência dos separatistas ingleses ocorria em Haia. Lá, um ministro contrarremonstrante, Hendrick Rosaeus, fora suspenso pelo Parlamento holandês por recusar-se a celebrar a missa juntamente com Uytenbogaert. O ministro recusou-se a reconhecer a autoridade do Parlamento que o havia suspenso e, contrariamente, liderou uma congregação inovadora que se reunira em um vilarejo próximo da cidade para ouvir suas pregações. Para os contrarremonstrantes, sua obstinada intransigência parecia merecer o respeito devido a um heroico mártir.

No final de 1615, os contrarremonstrantes tinham se afastado da igreja reformada estabelecida e lançado congregações separadas em Roterdã, Gouda, Haarlem, Haia e em mais cinco outras cidades. Os separatistas ingleses e holandeses buscavam recuperar o que consideravam a pureza ideal perdida do Cristianismo do Novo Testamento, afastando-se do que havia se tornado poluído pela falsa doutrina. Hommius, o amigo de Robinson em Leiden, exigia o uso de uma das maiores igrejas da cidade exclusivamente para os contrarremonstrantes.

Esses grupos separatistas rejeitaram a indicação de um novo ministro remonstrante que houvesse escrito um panfleto contra o assassinato de hereges. Essa diretriz, como ocorrera, havia sido recentemente defendida por escrito por um ministro contrarremonstrante em Roterdã. O alvo óbvio era Vorstius. Os contrarremonstrantes de Leiden alegavam que a oposição estabelecida pelo novo ministro ao assassinato pelas vias legais dos hereges indicava sua inimizade com as igrejas reformadas. Os calvinistas assassinaram um número muito menor de católicos, mas, como os contrarremonstrantes diretamente asseveravam (e Calvino demonstrara), executar hereges era uma real possibilidade.

Hommius julgava a disposição de obter uma autorização de assassinato oficialmente sancionada como um teste da apropriada opinião teológica a respeito da autoridade do magistrado civil. A negação dos remonstrantes ao direito do magistrado de permitir o assassinato de hereges estava, escreve Hommius, em evidente oposição ao artigo 36 da Confissão Belga. Esse artigo incluía o preceito de que o governo civil deveria "eliminar todos os obstáculos à pregação do Evangelho, além de todos os aspectos da adoração divina". O governo era obrigado a eliminar e destruir toda idolatria e falsa veneração do Anticristo. O burgomestre de Leiden convocou todos os ministros e diáconos para lembrá-los de que haviam assinado um acordo de intenção prometendo que trabalhariam juntos e em harmonia. As autoridades civis admoestaram os contrarremonstrantes de que essa solene tarefa dependeria muito mais das decisões deles do que das queixas de um bando de uma meia dúzia de idiotas agitados[155].

Entretanto, Slade continuava a exigir intolerância em suas cartas ao embaixador Sir Dudley Carleton. Ele obteve sucesso em reverter uma opinião do rei James de que a tolerância à dissensão era não somente possível, mas também, pelo bem da paz na nação, obrigatória. O rei escreve novamente para o States General para exigir que fosse realizado um sínodo nacional mas, agora, expressa a convicção de que há apenas "uma única verdade". Ele se arrepende do fato de Vorstius não ter sido executado.

As autoridades em Haia tentavam restaurar a unidade. A congregação separatista de Rosaeus receberia uma permissão oficial para se reunirem na igreja do vilarejo em Rijswijk próximo de Haia. Esse decreto reconheceu e possibilitou uma situação que já vinha se repe-

---

[155] Van Weesp, *Memoriael ofte gheheuchnis boeck*, 50-57; 55: "alsoo de voorgaende acte meer behoorde te pondereeren als t' gecrijt van vyf, ses, onrustighe idiote". Van Weesp, um magistrado remonstrante, estava se referindo às reclamações dos contrarremonstrantes, a quem considerava idiotas.

tindo ilicitamente por aproximadamente um ano, com seiscentas a setecentas pessoas ausentes da igreja em Haia para evitar contato com os remonstrantes. Todavia, em um mês de janeiro, e por conveniência pelo mau tempo, os contrarremonstrantes reivindicaram o uso de uma igreja em Haia. O príncipe Maurício ofereceu-lhes a Grande Igreja (Grote Kerk, St. Jacobskerk), para ser compartilhada com os remonstrantes.

O consistório reformado e o governo local estavam desejosos de seguir em frente com essa decisão, sob a condição que Rosaeus reconhecesse seu erro separatista e se desculpasse. Ele não fez uma coisa nem outra; tampouco seus apoiadores desejavam dividir uma igreja com o outro grupo. Em sua missa final em Rijswijk, no dia 22 de janeiro de 1617, os separatistas holandeses escolheram seus próprios diáconos e presbíteros, criando com alarde uma divisão total com a igreja reformada estabelecida, que, nesse momento, consistia somente nos remonstrantes e em pessoas que queriam permanecer neutras. Os dirigentes do consistório e da igreja reformada oficial (todos remonstrantes) consequentemente se sentiram justificados ao recusar o uso da Grote Kerk a Rosaeus e sua congregação. A confrontação estava prestes a acontecer.

Naquele mesmo domingo, uma enorme baleia morreria na praia, em uma localidade ao lado de Haia – Scheveningen, cerca de cinco milhas de Leiden. Várias pessoas entendiam que esses monstros eram presságios de eventos mais importantes posteriores. A grande cisão na Igreja Reformada em Haia poderia ser marcada pelos céus dessa forma, pensavam alguns.

Entre as centenas de "curiosos" que buscavam significado. havia um camarada de nome Peter Twisck, historiador e teólogo menonita que veio com alguns amigos desde Hoorn, no Sul, até o norte da Holanda[156]. Ele estava coletando material para uma história do mundo concebida

---

[156] Keith L. Sprunger, "The Meeting of Dutch Anabaptists and English Brownists, reportado por P. J. Twisck", em *The Contentious Triangle, Church, State and Universiy, A Festchrift in Honor of Professor George Huntston Williams*, ed. Rodney Petersen e Calvin Augustine Pater, *Sixteenth Century Essays & Studies* 51 (Kirksville, Mo.:Thomas Jefferson University Press, 1999), 221-31.

como a história da queda da tirania (finalmente publicada em dois volumes em 1619 e 1620)[157]. A baleia, no entanto, não era o objetivo imediato de Twisck. Ele havia vindo inicialmente a Leiden para discutir teologia com John Robinson. Foram dois dias de reuniões com toda a congregação de peregrinos, com a ajuda de um intérprete.

Twisck pode ter se perguntado se os peregrinos poderiam se tornar os menonitas de fala inglesa, como ocorrera com muitos anabatistas ingleses em Amsterdã após a morte de seu líder John Smyth. Os peregrinos, no entanto, discordavam dos menonitas em relação ao batismo e à Cristologia. Eles, por exemplo, mantinham o batismo infantil, acreditando que as crianças dos membros da igreja fossem incluídas na nova aliança (em uma analogia com Abraão e seus descendentes). Os menonitas, por sua vez, rejeitavam esse conceito tradicional do batismo em favor do que atualmente era chamado "batismo do crente", em que se exige uma declaração de fé da pessoa por alguém capaz, com experiência e entendimento de um adulto.

Apesar de seus desacordos, a visita apresentou Robinson ao autor da primeira história, ou compêndio de sentimentos, a favor da tolerância religiosa. O livro de Twisck de 1609 foi intitulado *Religion's Freedom* [*A Liberdade de Religião*] – *a brief Chronological Description of Religion against the Coercion of Conscience* [uma Breve Descrição Cronológica da Religião Contra a Coerção da Consciência], extraído de vários outros livros desde a era cristã até o ano de 1609, obra a partir da qual é possível ver claramente [...] que a espada de aço dos governos não se estende sobre a consciência para a compulsão da crença; que hereges e descrentes não devem ser convertidos com a violência dos governos, mas sim com a palavra de Deus; que uma variedade de religiões não ocasiona decadência ou disrupção em um país ou cidade; que o reino de Cristo não é desse mundo; e que o evangelho não tem de ser defendido com a espada.[158]

---

[157] Pieter Jansz. Twisck, *Chronijck vanden Onderganc der Tirannen* (Hoorn: Sacharias Cornelissen, I (1617/1619; II (1620)). A data "1617" está visivelmente alterada na página esculpida com o título do primeiro volume.

[158] Pieter Twisck, Religions Vryheyt (Hoorn: s. n., 1609).

O livro de Twisck adverte contra o risco que os holandeses poderiam introduzir com a discórdia intolerante durante a Trégua dos Doze Anos, que começara em 1609. A tolerância mútua entre os protestantes havia sido uma necessidade pragmática durante as hostilidades contra os Hapsburgs espanhóis. Os menonitas temiam pela segurança de seu futuro durante a paz. Robinson e seus seguidores tornaram-se notadamente mais abertos a uma tolerância cautelosa em relação a outras interpretações religiosas, ecoando a lógica de Twisck a respeito das consequências da queda da humanidade descrita em Gênesis: se toda a humanidade havia se tornado falível, então todas as teologias, sendo humanas, também eram falíveis, e todas as avaliações de teologias refletiam a falibilidade do entendimento. Consequentemente, a própria teologia de uma pessoa era necessariamente falível, da mesma forma que o era o seu próprio entendimento geral.

Essa percepção, também adotada pelos remonstrantes, ensinava que uma apropriada humildade incluía o reconhecimento de que naturalmente a pessoa poderia estar errada em algum de seus argumentos. Tanto Armínio como Episcopius defendiam a tolerância mútua, baseados na percepção de que toda opinião humana é falível – ideia expressada anteriormente por Sebastian Castellio. Episcopius acreditava que poucas doutrinas essenciais poderiam ser encontradas na Bíblia e que todas as outras deveriam ser abertas a diferentes interpretações e toleradas pacificamente.[159]

---

[159] Simon EpiscopiusEpiscopius, *Uytlegging Over het vijfde Capittel des H. Euangelist Mattheus, Vervatet em XXXIV. Predicatien Gedaen in de Christelijke Vergaderinge der Remonstrant*, ed. Phillipus van Limborch (Franeker: Jacob Pieters, 1666), 153-55, 430-31; Episcopius, *Opera Theologica*, 2ª ed. (Londres: Ex Officinia Mosis Pitt, 1678, segunda sequência de paginação, 183-86, em "Tese de Exame do Teólogo Jacobi Capelli [...] De Controversiis quae Foederatum Belgium Vexant" – secções "De Toleranatia fraterna, Et de prophetandi libertate. Quam Tolerantiam perierint Remonstrantes. Essa é edição possuída também por John Locke: veja John Harrison e Peter Laslett, *The Library of John Locke*, 2ª ed. (Oxford: The Clarendon Press, 1971), 130n1060. A primeira e edição de Episcopius, *Opera Theologica*, apareceu em Amsterdã: Ioannis Blaev, 1650.Veja ainda, Jeremy Bangs, "Dutch Contributions to Religious Toleration, *Church History*, 79 (2010): 585-613.

A humildade, no entanto, não era uma característica dos separatistas holandeses em Haia. Eles recusaram compartilhar uma igreja com os remonstrantes. O embaixador Sir Dudley Carleton ajudara os contrarremonstrantes ao permitir-lhes que mudassem o local de suas celebrações para a Gasthuiskerk, que havia se tornado a Igreja da Inglaterra. Carleton, na qualidade de embaixador, era seu principal leigo. O ministro da Igreja da Inglaterra era o famoso teólogo calvinista William Ames. Ao disponibilizar a Gathuiskerk à congregação dos separatistas de Rosaeus, ele interferia com as tentativas do governo holandês de restabelecer a união religiosa ao reunir novamente a congregação reformada holandesa. A exemplo da baleia apodrecida, o envolvimento da Inglaterra nas controvérsias políticas e religiosas holandesas era enorme, mas difícil de ser mensurado. Além disso, a pressão diplomática inglesa sobre a assistência militar continuada, sobre silenciar Vorstius, e sobre a demanda do rei James de que os holandeses fizessem um sínodo nacional devem ter desempenhado um papel importante para convencer o príncipe Maurício a escolher publicamente apoiar a congregação holandesa separatista de Rosaeus. Carleton escreveu para Winwood (à época secretário de Estado) que "ele havia falado com o príncipe Maurício durante o debate e dado a ele o melhor conforto possível em suporte de uma boa causa, que foi considerada necessária, mesmo contra uma forte oposição".[160]

Passados alguns dias, dezesseis ministros contrarremonstrantes assinaram uma resolução formal de separação. Eles organizaram comitês de correspondência para coordenar sua causa, para organizar consistórios independentes, para acelerar o reconhecimento de seus grupos dissidentes como sendo a igreja verdadeira em contraste com a igreja reformada estabelecida da qual tinham se separado e para identificar aquelas pessoas que, consequentemente, iriam evitar (remonstrantes e pessoas que os suportavam ou que tentavam permanecer neutras).

---

[160] Lord Royston, Conde de Harwich, ed., *The Letters from and to Sir Dudle Carleton...* janeiro 1615/16 a dezembro de 1620, 3ª ed. (Londres:s.n., 1780), 86-90.

Desordens e incêndios premeditados, incentivados por ativistas antirremonstrantes, e um posterior clima de intranquilidade se instalaram em Amsterdã, Delft, Roterdã e outras localidades. Exigia-se que milicianos fizessem novos juramentos de lealdade. Carleton informou ao príncipe Maurício e a Johan van Oldenbarnevelt que o rei James queria que os arminianos fossem suprimidos. Van Oldenbarnevelt replicou que os contrarremonstrantes eram os equivalentes holandeses dos puritanos ingleses, rebelando-se contra a igreja reformada estabelecida. Carleton recusava-se a reconhecer a posição tradicionalmente tolerante da igreja reformada holandesa, insistindo que essa tolerância das discussões teológicas representava um precedente perigoso.

O príncipe Maurício apenas recentemente havia ficado interessado nas disputas religiosas. Ele pedia por um sínodo nacional, conforme aconselhado pelo rei James. Em assim fazendo, estava invalidando a Constituição das Províncias Unidas, que reservava para as províncias individuais o direito de determinar questões religiosas, garantindo que nenhuma província seria ditada naquele tópico por uma outra província ou uma combinação entre elas. A nação unificada (as Províncias Unidas Holandesas) era praticamente convocada a atuar (em um sentido moderno) pelas premissas subjacentes à convocação de um Sínodo Nacional de Dort entre 1618 e 1619. No entanto, o caminho até esse sínodo foi marcado pelo aumento de conflitos com os direitos e privilégios históricos de todas as províncias, particularmente da Holanda e de Utrech. A trajetória para o sínodo foi caracterizada pelo progresso de um suporte cada vez mais claro a favor dos contrarremonstrantes pelo príncipe, sob uma pressão ininterrupta do rei James, e da constante e feroz oposição de van Oldenbarnevelt. O rei proibira seus súditos de enviar os filhos para estudarem na universidade de Leiden, de modo a evitar que caíssem nos erros de Armínio ou Vorstius. Na primavera de 1617, o príncipe Maurício comparecia efetivamente nos cultos com os contrarremonstrantes, e dispensou os serviços do capelão da corte, o remonstrante Johan Uytenbogaert.

No verão de 1617, os magistrados de Leiden, Utrecht e outras cidades remonstrantes reforçaram o número de guardas para protegê-los da violência cada vez mais acentuada dos grupos de contrarremonstrantes. Os novos guardas de Leiden se posicionaram na frente da prefeitura em 02 de outubro, de modo a conter os esperados distúrbios durante os exercícios das milícias como parte das celebrações anuais de 03 de outubro – que comemoravam o fim do cerco de Leiden em 1574. Jovens zombeteiros provocaram uma briga com os guardas, que atiraram para cima, matando acidentalmente um abastado cidadão que assistia tudo de uma janela do andar superior. Carleton reportou que outra pessoa havia morrido na noite seguinte nas ruas; um dos soldados fora apedrejado até a morte[161]. Os membros de milícias, convocados para sufocar as desordens, recusavam-se a dispersar, exigindo a dispensa dos novos guardas. Contrariamente, os magistrados ordenaram a colocação de barricadas na rua principal e em cada lado da prefeitura. Com canhões apontados para ambos os lados da rua, esperava-se que os novos guardas protegessem o governo da insurreição. A barricada se tornaria conhecida como o Reduto Arminiano.

Três dias após os tumultos em Leiden, o embaixador Carleton enviaria uma carta ao Parlamento holandês expressando as visões do rei contra Armínio e os remonstrantes, denunciando o estabelecimento dos novos destacamentos de guardas como algo inevitavelmente destrutivo para a unidade nacional, e reiterando novamente que as desavenças religiosas e as divisões políticas fossem submetidas a julgamento por um sínodo nacional. Em novembro, nenhuma ação ainda fora executada; o rei retaliou ao deixar vazar a informação de que havia desistido dos Países Baixos. Ele não poderia confiar em um país desunido que, muito provavelmente, cairia nas mãos da Espanha, de modo que decidiu avançar mais ainda com as negociações para que seu filho se casasse com a filha do rei espanhol. Os holandeses perceberam que não poderiam confiar no rei para ajudá-los a se defenderem da Espanha.

---

[161] Royston, The Letters from and to Sir Dudley Carleton, 183-86, 29 de setembro de 1617 (Estilo Antigo, Carleton to Winwood (Carleton p/ Winwood).

Os líderes remonstrantes e Vorstius se afastaram da cena pública por algumas semanas. Eles estavam colaborando na preparação de um documento-resposta com 71 páginas, lançado em meados de novembro com o título:

> *The Balance, for Properly Considering in all Appropriateness the Oration, of the Noble, Highly Learned, Wise, Perspicacious Gentleman, Milord Dudley Carleton, Ambassador of the Illustrious King of Great Britain, recently Given in the Meeting of the Noble Highly Powerful Lords States General: Made for a Thorough Indication of the Origin, &c., of the present Disunities in the Church and in Politics: and for a Defense of those who are Innocent therein.*[162]

> A Balança, por considerar apropriadamente em toda adequação o discurso, do Nobre, Altamente Culto, Sábio e Perspicaz Cavalheiro, Milord Dudley Carleton, Embaixador do Ilustre Rei da Grã-Bretanha, recentemente proferido na Reunião dos Nobres Altamente Poderosos Lordes dos Estados Gerais : Feito para uma Indicação Cabal da procedência, &c.; sobre o tema Desuniões na Igreja e na Política: e para uma defesa dos que nelas são inocentes.

Subscreviam Slade e Carteron e, através destes, o rei James, embora Grotious fosse o principal autor. Grotious e van Oldenbarnevelt estavam tão intimamente associados com o texto que não conseguiram escapar da ira de Carleton, quando este descobre que fora pessoalmente ridicularizado no documento. Carleton transferiu o insulto para proclamá-lo uma afronta à majestade real do rei James.

---

[162] *Weegh=Schael Om in alle billickheydt recht te over-vveghen de Oratie van...Dvdley Carleton* (s.l:s.n.,1617).

O documento reclamava que o embaixador tinha se envolvido em três tópicos sobre os quais estava mal-informado – as doutrinas de Armínio, a legislação holandesa e os limites da teologia reformada. O autor não tinha intenção de ofender o embaixador ou o rei, conforme escreve, e alega fazer vistas grossas a (embora mencione) o errôneo título do discurso de Carleton, que asseverava que a presente desunião entre a Igreja e o Estado nascera como consequência da doutrina arminiana. Com circunlocuções educadas, o autor indica que o embaixador era ignorante demais para ter aberto sua boca, ainda mais para interferir na política holandesa.

"A Balança" apresentava evidências de que o que havia sido conhecido como a doutrina arminiana ou remonstrante tinha um longo histórico entre os primeiros teólogos reformados holandeses, bem como com os teólogos de outras denominações. Carleton alegava que o pedido dos arminianos por tolerância e proteção, em sua Remonstrância de 1610, fora uma tentativa de introduzir sua teologia através da força. Contrariamente, "A Balança" apontava que os remonstrantes consideravam "não permissível para um cristão introduzir sua opinião pela força". Além do mais, os remonstrantes "calorosamente desejavam que os contrarremonstrantes concordassem com eles sobre isso – em vez de praticar o assassinato de hereges, ação essa que demonstrava que eram eles os que realmente queriam introduzir suas doutrinas em todas as partes pela força"[163]. Carleton chamava os arminianos de anarquistas; porém, conforme indicado em *A Balança*, eram os contrarremonstrantes que desejavam destituir os magistrados que favoreciam a tolerância. Quem eram, então, os anarquistas? Nenhum remonstrante estava pedindo pelo assassinato de seus oponentes, mas os panfletos contrarremonstrantes prometiam matar arminianos por uma pequena quantia.

"A Balança" termina com a citação de uma carta que o rei James havia enviado para o Parlamento holandês a não muito tempo, na qual comentava que "a experiência o havia ensinado que essas diferenças

---

[163] *Weegh=Schael*, 14-15.

terminavam muito mal nas disputas entre teologias, mas que elas eram muito mais apropriadamente decididas pela autoridade pública (em outras palavras, pelos magistrados civis, que eram predominantemente arminianos)[164].

A resposta inglesa foi rápida. Matthew Slade descreveu "A Balança" como um trabalho escrito de forma leviana e traiçoeira.[165] Carleton ficara furioso não somente por lhe fazerem de tolo, mas também pelo desrespeito mostrado com o rei. Que ousadia os remonstrantes demonstraram ao apontar que as mais recentes mensagens reais enviadas pelo embaixador contradiziam o que o rei havia escrito previamente para o Parlamento holandês, expressando o oposto à política real, quando se lidava com os puritanos na Inglaterra ou os presbiterianos na Escócia! Parleton compareceu diante do Parlamento e exigiu que a publicação fosse reprimida e todas as suas cópias destruídas, e que aqueles que tivessem escrito e distribuído o libelo fossem punidos. A censura era, assim, introduzida nos Países Baixos sob pressão diplomática – primeiro contra os remonstrantes e, então, contra os próprios peregrinos, cujos livros também atacavam as políticas religiosas do rei James.

Parleton também exigiu a destruição de todas as cópias de um cartaz político, igualmente chamado de "A Balança"; Simbolicamente, uma grande fração de peso é mostrada com os trabalhos de Armínio, de um lado, e das *Institutas* de Calvino, de outro. Armínio está posicionado ao lado de seus livros, que têm o peso adicional das togas revestidas de pele dos magistrados. Gomaro está posicionado do outro lado dos pratos, em que as *Institutas* de Calvino são mostradas. Presidindo toda a cena, no fundo, podemos ver o rei James da Inglaterra. São as *Institutas* de Calvino que têm o maior peso, mas isso somente ocorre porque o

---

[164] *Weegh=Schael*, 71; a carta do rei é citada *deCopie van den Brief des Conings van Groot Brittanien Ghes creven aen de E. M. Heeren Staten Generael des Gheunieerde Provincien VVaer in hy zijn Advijzs, nopende het different tusschen de Remonstranten ende Contra-Remonstranten over-schrijft* (s.l.:s.n., 1613).

[165] Willem Nijenhuis, *Maatthew Slade, 1569-1628, Letters to the English Ambassador* (Leiden: Brill/Leiden University Press, para o Sir Thomas Browne Institute, 1986), 66.

príncipe Maurício está parado ao lado do livro de Calvino e repousa o peso de sua espada no prato da balança.

Logo após a publicação das duas versões de "A Balança", o príncipe Maurício lidera um golpe militar, destituindo os remonstrantes do governo. O Sínodo de Dort foi realizado e os remonstrantes tratados como réus. Neste ponto, não trataremos mais do Sínodo. Somente aos olhos dos vitoriosos contrarremonstrantes o Sínodo serviu para o triunfo de uma certa doutrina "ortodoxa" verdadeira; na opinião de outros, antes e agora, ele meramente atingiu as decisões requeridas pelo rei James, que assegurava aos holandeses um continuado suporte militar na revolta em curso.

CONCLUSÃO

O objetivo declarado do livro em que este capítulo está inserido é fazer-nos avançar além das caricaturas simplificadas de Armínio e dos personagens que foram seus aliados e detratores durante sua vida e após sua morte. Neste capítulo, traçamos a ascensão de uma facção política e religiosa que chega para dominar a sociedade holandesa na década seguinte de sua morte. Ao seguirmos os eventos, tomamos conhecimento das figuras de John Robinson e Conrad Vorstius – nenhum dos quais havia recebido tanta atenção anteriormente nesse contexto.

Robinson, ex-aluno de William Perkins e ministro dos peregrinos em Leiden, assistia às aulas na Universidade de Leiden, tanto de professores arminianos como de antiarminianos. Explicitamente antiarminiano em suas ideias sobre predestinação, no entanto, adotara uma atitude cautelosa diante da falibilidade humana que o levava, juntamente com os peregrinos, a unir-se aos remonstrantes na recusa de aderir obrigatoriamente ao Catecismo de Heidelberg ou à Confissão Belga. Como observado no início deste ensaio, Robinson estava confiante de que o "Senhor ainda tinha mais luz e verdade a 'emanar' além de Sua

Sagrada Palavra"[166]. Os conflitos em Leiden podem ser considerados a inspiração subjacente para a recomendação feita a seus seguidores de que não deveriam deixar que as religiões "petrificassem" a forma dos ensinamentos que propagavam, tampouco as doutrinas de teólogos mais antigos.

Similarmente, ao buscar mais insights na verdade iluminadora da Bíblia, Vorstius desenvolve uma concepção bíblica de Deus que incorpora emoções equilibradas e, consequentemente, desenvolvimentos. Ele analisava a Bíblia sem a pressuposição filosófica de que a imutabilidade devia ser uma característica da perfeição. De um lado, a descrição vorstiana do divino era consistente com a posição arminiana do livre arbítrio e da perseverança; por outro lado, as ideias de Vorstius atraíram a ira do rei James I, cuja intervenção nas disputas holandesas comprovou ser imensamente influente, guiando-se ao longo de linhas determinantemente políticas até a consecução do Sínodo de Dort.

A cautela de Robinson acerca de formulações dogmáticas rende frutos no caso da Colônia de Plymouth, em que magistrados propõem total tolerância religiosa em 1645[167]. A ideia de Vorstius de que Deus é descrito na Bíblia como sujeito a mudanças interativas prenuncia questões que têm renascido na teologia do processo e no teísmo aberto. A predestinação era um ponto central inescapável tanto para Robinson como para Vorstius. Conforme Carl Bangs escreve sobre a formulação arminiana da predestinação, "Foi nesse ponto da história que Gomaro, colega de Armínio em Leiden, levantaria sérias questões. Os teólogos atuais levantarão ainda mais"[168].

---

[166] Winslow, *Hyprocrisie Unmasked*, 97.
[167] Isso é discutido em Jeremy Bangs, "Dutch Contributions to Religious Toleration".
[168] C. Bangs, 219.

CAPÍTULO 4

A perda [de contato] de Armínio com a teologia Armínio-Wesleyana

W. Stephen Gunter

Seja na linguagem coloquial, nos círculos acadêmicos ou na literatura denominacional, os metodistas e os seguidores do Grupo da Santidade nas últimas décadas cada vez mais têm adotado o costume de falar em uma "teologia wesleyana" em lugar de uma designação anteriormente mais comum de "teologia armínio-wesleyana". O ressurgimento contemporâneo da atenção dos estudiosos em Armínio pode ajudar a reverter essa onda popular.

Entretanto, deve ser dito que a eliminação do nome Armínio – e particularmente de sua soteriologia – da teologia wesleyana demorou muito tempo para ser consolidada. A década imediatamente posterior à sua morte, contudo, já notava o desaparecimento de sua soteriologia no cenário. Os seus seguidores póstumos – os remonstrantes – e seus oponentes – os contrarremonstrantes – desempenharam papéis importantes nesse deslocamento. Essa tendência continuaria quando o denominado Arminianismo migrou até a Inglaterra, encontrando uma causa comum com o platonismo de Cambridge, e foi adaptado para se adequar às diretrizes e perspectivas eclesiásticas latitudinarianas. A proximidade literária de John Wesley com Armínio era mínima, mas Wesley era extremamente fiel à soteriologia holandesa. A controvérsia das Minutas Metodistas de 1770 e o ensaio amplamente influente e polêmico de John Fletcher, *Checks against Antinomianism* [*Exames contra o Antinomianismo*], no entanto, levaram à perda efetiva e duradoura da soteriologia arminiana entre os "armínio-wesleyanos".

ARMÍNIO, O REMONSTRANTE: DO FUNERAL DE ARMÍNIO ATÉ DORT

Um ano após a morte de Armínio, em 1609, sua viúva e os filhos publicaram sua obra *Declaration of Sentiments* [*Declaração de Sentimentos*]. A publicação dessa *Verclaringhe* em 1610 era uma tentativa de homenageá-lo, mas também foi uma etapa literária no sentido de defendê-lo[169]. Nem sua família, todavia, poderia ter previsto que a década entre 1610 e 1620 iria atravessar uma avalanche de publicações que não passavam de material retórico e teológico de potencial bélico. Imagine que a situação era algo parecida com a de debates eleitorais de candidatos à presidência durante cerca de 10 anos, e que a decisão da eleição finalmente ocorreria no Sínodo de Dort, entre 1618 e 1619 – nesse caso, uma eleição *eterna*. Afirmações cuidadosa e precisamente elaboradas sobre a verdade seriam perdidas na retórica necessária para pontuar e obter seguidores[170].

Essa década, caracterizada por uma intensa divulgação de panfletos, resultaria em uma primeira fase da perda de Armínio na perspectiva de que, à época do Sínodo de Dort, realizado em novembro de 1618, era de

---

[169] Para a primeira tradução inglesa do texto holandês original e seu cenário de fundo, veja Gunter.

[170] Este ensaio está sendo escrito paralelamente a um ensaio, "The Transformation of Arminianism from the Death of Arminius to the Synod of Dort, 1609-1619, que aparecia em Robert Webster, ed., *Perfecting Perfection: Studies in Honor of Henry D. Rack* (Eugene, Oreg.: Pickwick Publications, no prelo) As páginas de abertura deste ensaio repetem uma parte daquele material referente à perda das ênfases teológicas arminianas entre os remonstrantes.

fato uma forma alterada do Arminianismo a que estava em julgamento. Na realidade, sua doutrina havia sido alterada sob certos aspectos que provavelmente ele próprio não teria aprovado.

Se perdemos um verdadeiro Arminianismo – isto é, uma efetiva reflexão de seus sentimentos teológicos –, então esse processo de perda começou logo após sua morte. Se é possível falarmos de culpa nesse processo, então ela deve recair tanto nos arminianos (isto é, remonstrantes) como nos calvinistas (ou seja, contrarremonstrantes)[171]. Para simplificar, os remonstrantes protestavam contra uma doutrina estrita de dupla predestinação, e os contrarremonstrantes (personificados em seu principal líder, Francisco Gomaro, o opositor máximo de Armínio) sustentavam e defendiam esse dogma. Nos bastidores, ainda havia em jogo um adicional subtexto doutrinário referente às premissas sobre pecado e a inter-relação entre fé e obras. Essas disputas teológicas eram conduzidas em um cenário extremamente complexo de fatores políticos, sociais e religiosos correntes nos Países Baixos:

1. O papel dos governantes civis no ordenamento da vida da Igreja;

2. A natureza da Igreja como um corpo exclusivo ou inclusivo;

3. O relacionamento dos padrões confessionais com a vida eclesiástica;

4. A autoridade das Escrituras e dos credos; e

5. O relacionamento entre a liberdade humana e a soberania divina[172].

---

[171] "Calvinista" nesse contexto é admitidamente anacronística, pois Calvino era visto como um dos vários principais teólogos reformados e era, ele próprio, uma influência altamente significativa em Armínio.

[172] Douglas Nobbs, *Theocracy and Toleration; A Study of the Disputes in Dutch Calvinism from 1600-1650* (Cambridge: University Press, 1938), 25-212.

Com certeza, as questões eram complexas. O vínculo que unia a República dos Países Baixos após a bem-sucedida liberação do país da Espanha era bastante frágil. Michael Adam Hakkenberg observara que "a República holandesa [...] ainda carecia de um forte governo central e que o país era constantemente ameaçado pelo particularismo e a fragmentação política"[173]. A extensa volatilidade do contexto holandês não se devia meramente à diferença de dogmas internos à Igreja, e sim ao complexo conjunto de diferenças que ameaçavam a unidade da nação. Colocado de outra forma, não era apenas a reputação de Armínio que estava em jogo; ela era uma casualidade no caminho de redefinir as fronteiras entre a autoridade política e a religiosa. Se fossem apenas analisados os pontos formais doutrinalmente contestados das partes que se degladiavam, perder-se-ia a natureza republicana da disputa retórica. Foi essa guerra panfletária – de certa forma análoga aos anúncios de comitês de campanhas políticas – que influenciou a agenda na primeira década após a morte de Armínio, quando as distintivas ênfases de sua soteriologia começaram a se perder da perspectiva.

Desde o Sínodo de Dort, até historiadores e teólogos renomados tenderam a visualizar a cena teológica nos Países Baixos pelas lentes desse grande evento, enxergando o país como essencialmente calvinista. Embora essa análise fosse lenta, mas cada vez mais verdadeira após 1620, certamente não era o caso nas décadas anteriores. O país era religioso e teologicamente eclético. Os ensinamentos de Armínio não estavam distantes do horizonte de várias vozes que lideravam, especialmente no nível nacional. Até mesmo na época do Sínodo, cerca de um terço da população holandesa era protestante, e nem todos seguiam um Calvinismo estrito. A população, de modo geral, afastava-se gradualmente das crenças da Igreja Católica tradicional[174]. Os anabatistas (especial-

---

[173] Michael Adam Hakkenberg, "The Predestinarian Controversy in the Netherlands, 1600-1620" (dissertação de doutorado, University of California, Berkeley, 1989), 4.

[174] Compare Alastair Duke, "The Ambivalent Face of Calvinism in the Netherlands, 1561-1618", em *International Calvinism, 1541-1715*, ed. Menna Prestwich (Oxford:Clarendon Press, 1985),109.

mente menonitas) eram presentes e ativos, embora jamais tenham se organizado de modo a serem politicamente poderosos. Suas inclinações doutrinárias, no entanto, permeavam o ambiente teológico. Eles não eram absolutamente doutrinários e, é certo, também não eram estritamente inclinados à predestinação.

Não é um exagero dizer que a tolerância (afirmada oficialmente na União de Utrecht em 1579) e o ecletismo eram as inclinações prevalentes. Quando 45 ministros se reuniram em 1610, em Haia, sob a supervisão do pregador da corte, Johannes Uytenbogaert, para formular suas convicções teológicas em uma petição formal para o seu reconhecimento (conhecida como Remonstrância), não estavam fazendo nada de revolucionário ou subversivo. Tratava-se de uma petição formal à Assembleia Nacional para reconhecimento oficial e, quando necessário, proteção contra os ataques e a intolerância de calvinistas estritos. É interessante notar que esses arminianos, embora talvez uma minoria na igreja reformada holandesa como um todo, eram efetivamente a maioria entre os magistrados nas maiores cidades da Holanda. Com isso, eles tomavam medidas nessas cidades para indicar ministros arminianos.

Nos cinco pontos da Remonstrância de 1610, fica clara a influência de Armínio. A composição dos cinco pontos foi extraída diretamente de afirmações teológicas presentes em sua obra *Declaration of Sentiments*[175]. Esse pedido formal por proteção agitou a cena eclesiástica e política a ponto de, em dezembro de 1610, o States of Holland convocar uma conferência em Haia. Em vez de esfriar o clima entre as partes conflitantes, essa iniciativa só acirrou os ânimos entre elas. Os cinco artigos da Remonstrância foram rebatidos com cinco artigos da Contrarremonstrância. Agora, a controvérsia estava começando a "esquentar" na arena pública, com uma divisão aberta das partes. A partir de então, começávamos a perder contato com as próprias ideias de Armínio e com aspectos importantes de sua doutrina.

---

[175] Compare Gunter, esp. 135-136, 180, 190-91.

A seguir, e de forma bastante rápida, as cidades holandesas começam a se identificar com uma ou outra parte, embora algumas delas abarcassem divisões internas – isto é, com uma parte remonstrante e outra contrarremonstrante. Em uma velocidade impressionante, as questões tornaram-se territoriais, centradas em posições de poder e influência em púlpitos e em posições de governança civil. Em 1614, a Assembleia Nacional Constituinte holandesa, *sem* o apoio de Amsterdã e de cidades inclinadas a favor dos contrarremonstrantes, adotou a "Resolução para a Paz nas Igrejas", que condenava as posições extremadas de cada lado do espectro:

1. que Deus "criara todo homem em condenação", ou
2. "que o homem, "com seus próprios atos ou poderes naturais poderia atingir a salvação"[176].

Isso fora estipulado posteriormente numa tentativa de proteção aos remonstrantes, em que os que se recusavam a afirmar os cinco artigos da Contrarremonstrância não deveriam ser submetidos a ataques ou calúnias, mas, contrariamente, seriam tolerados nas igrejas.

Essa resolução foi um passo importante, mas deixou de satisfazer os dois lados antagônicos. Nesse ponto, a história fica complicada devido a cenários com consequências não intencionais. A assembleia de Amsterdã (uma congregação local de ministros), dominada agora por um sentimento antiarminiano, recusava-se ostensivamente a seguir as diretivas da resolução e começara a apoiar abertamente grupos contrarremonstrantes que desejassem fazer reuniões separadas de adoração em cidades nas quais eram indicados ministros remonstrantes.

Com isso, a resolução passou a ser cada vez mais interpretada como um instrumento em favor da causa dos arminianos. Quando líderes eclesiásticos expressivos desafiaram abertamente a intenção

---

[176] Pieter Geyl, *The Netherlands Divided* (1609-1648), trad. S. T. Bindoff (Londres: Williams e Norgate, 1936), 52.

da resolução, o governo teve de enfrentar uma difícil decisão: fazê-la entrar em vigor, ou não. O advogado-geral, Oldenbarnevelt, preferiu que vigorasse a autoridade do Estado de usar seu poder supremo para dispensar – ou obrigar as cidades a dispensar – qualquer ministro que infringisse a resolução[177]. Em princípio, isso significava que poderia ser exercida ação contra os remonstrantes ou os contrarremonstrantes, mas, na prática, eram esses últimos os que mais sofriam. Na maioria (ou, pelo menos, em grande parte) das cidades, os magistrados civis eram arminianos. Eram, desse modo, os ministros contrarremonstrantes, contrariando de modo geral os desejos da própria congregação local, os normalmente demitidos por violarem a Resolução para a Paz.

A controvérsia entre os grupos era tão grande que, em 1616, em Haia, o reverendo Henricus Rosaeus recusou-se a celebrar uma comunhão com seu colega remonstrante Uytenbogaert, que atuava como capelão do Senado. Quando Rosaeus foi demitido de sua função ministerial, mudou-se até o vilarejo vizinho de Rijswijk e, todos os domingos, um grande grupo de apoiadores caminhava vários quilômetros desde Haia até Rijswijk para ouvir suas pregações. Em diversas outras cidades e vilarejos, os ministros contrarremonstrantes eram dispensados e substituídos por ministros remonstrantres, quase sempre contra a vontade de suas congregações. Mesmo nas cidades em que o sentimento era pró-arminiano, os magistrados civis esforçavam-se para que o ministro paroquial não fosse bem-recebido[178]. Os contrarremonstrantes começaram a se separar das igrejas públicas e a estabelecer suas próprias igrejas, formando seus ministérios sem a "interferência" dos magistrados civis.

Em 1617, a situação nos Países Baixos havia se desenvolvido até o ponto que o poeta Jacob Cats descreve como "o ano da violência"[179]. A política da "mútua tolerância" havia resultado nas mais abrangentes condenação e retaliação mútuas. Ambas as partes esforçavam-se para

---

[177] Jan Den Tex, *Oldenbarnevelt*, trad. R. B. Powell (Cambridge: University Press, 1973) 2:554.
[178] Idem, 2:680.
[179] Citado em idem, 2:566.

angariar a simpatia da opinião pública, mas os combates estavam cada vez mais violentos: "Nos púlpitos e nas tabernas, nas ruas, nos locais mais ricos ou mais pobres, ouvia-se discussões acirradas em que não eram poupados termos ofensivos. As disputas ameaçavam a existência da jovem nação. As discussões acadêmicas entre os simpatizantes de Armínio e Gomaro haviam se tornado a questão a resolver que dividia a Holanda em dois campos hostis"[180].

Um conjunto de eventos se destacava em sua importância simbólica. Como mencionado anteriormente, os contrarremonstrantes em Haia caminharam até um vilarejo próximo para ouvir seu pregador, Henricus Rosaeus, que havia sido deposto de seu púlpito na cidade. O príncipe Maurício, até aquele momento, permanecera desinteressado dessas refregas ao apoiar a decisão oficial do governo de "tolerância" mútua. No entanto, sua neutralidade terminaria em 1617. Em janeiro, os contrarremonstrantes de Haia retornaram para a cidade para um culto de adoração na casa de um leigo. A Assembleia Nacional requereu formalmente que o príncipe Maurício, na condição de comandante-chefe do Exército, executasse a diretriz governamental que proibia esse tipo de reunião fora das igrejas, mas o príncipe recusou-se a fazê-lo, enfatizando que sua real responsabilidade não era a de fazer cumprir a diretriz, e sim defender a verdadeira religião. A implicação foi clara: os contrarremonstrantes eram a parte ortodoxa da disputa. O suporte do príncipe incentivou-os. Em 19 de julho de 1617, os contrarremonstrantes tomaram a Cloister Church (*Kloosterkerk*), começando a realizar cultos de adoração nesse local, numa clara violação aos atos deliberados pela Assembleia Nacional. Em 23 de julho, o próprio príncipe Maurício se uniria ao grupo nas práticas de adoração nessa igreja.

Liderada pelo advogado-geral Oldenbarnevelt, a Assembleia Nacional tomou uma ação decisiva, aprovando, em 04 de agosto, a "Sharp

---

[180] Hakkenberg, "The Predestinarian Controversy", 48, citando Peter Blok, *History of the People of the Netherlands*, trad. Ruth Putnam (Nova York: G. P. Putnam's Sons, 1900), 3:438-39.

Resolution" (*Sherpe Resolutie*). A província da Holanda, em maio, havia convocado formalmente um sínodo nacional para solucionar as disputas religiosas, mas a resolução asseverava que nenhum governo provincial tinha poder para realizar um sínodo nacional, e que esse poder residia unicamente no governo federal. Além disso, a resolução contemplava o aumento do contingente de uma guarda nacional (*waardfgelders*) para manter a ordem nas cidades e fazer vigorar a lei nacional. Em efeito, isso estabeleceu uma disputa de poder entre o advogado-geral Oldenbarnevelt e o príncipe Maurício. O país estava, literalmente, à beira de uma guerra civil. A guarda nacional era aumentada em cidades lideradas por conselhos remonstrantes, de modo que o príncipe começou a fazer um processo de desmantelamento – em um primeiro momento, destituindo seus membros remonstrantes e substituindo-os por contrarremonstrantes. Nesse ponto, todo o suporte ao advogado-geral evaporaria. Oldenbarnevelt seria preso em 29 de agosto de 1618. Após ir a julgamento indiciado com pesadas acusações de traição, foi condenado e, em 13 de maio de 1619, seria decapitado.

Sua prisão, no final de agosto, pavimentaria o caminho até o Sínodo de Dort, realizado em novembro do mesmo ano. Isso nos conduz, finalmente, ao ponto decisivo dessa lição de história. Nos meses anteriores ao Sínodo, foi lançado um livro que aparentemente seria lido por quase todos os delegados do evento – *Specimen controversiarum Belgicarum*, cujo autor era o adversário eclesiástico de Armínio de longa data, Festus Hommius. O livro caricaturizava a lógica teológica de Armínio como excessivamente otimista a respeito das capacidades humanas. Os seres humanos "não são escravos do pecado, mas sim livres para fazer o bem ou o mal"[181]. Esse tipo de caricaturização havia sido desenrolado durante a década de guerra civil e de panfletagem sobre a qual temos observado. A efetiva teologia arminiana era, nesse ponto, quase que completamente perdida além do horizonte das disputas por domínio político.

---

[181] Festus Hommius, *Specimen controversiarum Belgicarum* (ex Office Elzeviriana, 1618).

Aza Goudriaan havia assinalado que essas afirmações não se "enquadravam especialmente bem no texto dos artigos 3 e 4 da Remonstrância de 1610, que insistem que o ser humano não pode 'pensar, desejar ou fazer algo que é bom' exceto pela graça divina".[182] Essa antropologia teológica é extraída diretamente da obra *Declaration of Sentiments* de 1608, de Armínio. Excetuando-se seus aparecimentos em caricaturas como bodes expiatórios da guerra retórica, os efetivos ensinamentos de Armínio já tinham sido perdidos de vista em larga escala na época da realização do Sínodo. As perdas mais marcantes foram a seriedade com que ele considerava os ensinamentos augustinianos sobre a degradação da humanidade e sua profunda inabilidade em fazer uma contribuição sob qualquer sentido para a iniciativa salvadora de Deus em Cristo.

Esse lento ato de desaparecimento fora acelerado por um próprio aluno de Armínio, Simon Episcopus, que era o principal porta-voz dos remonstrantes no Sínodo de Dort, bem como por Peter Bertius[183], amigo de longa data do teólogo. Se os contrarremonstrantes em Dort fecharam o caixão de Armínio, os próprios remonstrantes abaixaram-no até o solo e cobriram-no com o sentimento pelagiano. Mesmo quando contemplamos a mais recente ausência de Armínio na teologia arminio-wesleyana, a história nos ensina que a teologia arminiana já havia sido muito obscurecida praticamente um século antes do nascimento de Wesley.

ARMÍNIO, O ANGLICANO: PLATONISMO DE CAMBRIDGE E DILUIÇÕES LATITUDINARIANAS

Apesar das tendências pró-arminianas em alguns setores da Igreja da Inglaterra, pode-se discutir que foi através do Sínodo de Dort que Ar-

---

[182] Aza Goudriaan, "The Synod of Dordt on Arminian Anthropology, em *Revisiting the Synod of Dordt* 1618-1619, ed. A.Goudriaan (Leiden:Brill, 2011), 82.

[183] Veja o próximo capítulo de Gunter, "The Transformation of Arminianism".

mínio tornou-se amplamente conhecido no país. O rei James I enviou não menos do que oito pessoas para atuarem como delegados no Sínodo. A delegação não foi para a Holanda particularmente inclinada a favor do Arminianismo e, devido à rude recepção que tiveram, os delegados efetivamente passaram a estar mais tolerantes ao Arminianismo em seus retornos. Hugo Grotius, um famoso seguidor de Armínio, visitara a Inglaterra em 1613, e sua amizade com o bispo Lancelot Andrewes "amadureceu a chegada da teologia em uma extensa correspondência sobre assuntos religiosos e políticos"[184].

De forma lenta, porém segura, através do sentimento latitudinariano e especialmente por meio do platonismo de Cambridge, o Arminianismo acaba sendo difundido na Igreja da Inglaterra. Nesse ponto, uma qualificação importante estava na ordem do dia: era o conceito latitudinariano de um Deus tolerante, que não julga e é invencível nos debates, e não a teologia de Armínio em si. As distintivas ênfases de Armínio eram até aquele momento obscuras, apesar da tradução de Tobias Conyers de sua obra *Declaration of Sentiments,* segundo o título *The Just Man's Defence* [*A Simples Defesa do Homem*], em 1657. Aparentemente, a Inglaterra absorvia mais a antropologia otimista do Arminianismo de Episcopus do que a do Arminianismo Augustiniano/Calvinista. Isso, de fato, nos fornece um indício em relação à razão de o Arminianismo Wesleyano ser bem diferente da maioria dos Arminianismos ingleses.

Nas administrações eclesiásticas e nos corredores universitários, o espírito da era estava cada vez mais inclinado para as moderadas sensibilidades de Erasmo. A exemplo dele, os platonistas de Cambridge baseavam-se essencialmente na autoridade das Escrituras por suas verdades. "Eles buscavam a 'raiz' da Cristandade [...] não para serem suas propriedades exclusivas ou suas senhas pessoais até os céus, mas sim como a forte essência da fé que poderia atrair em conjunto uma

---

[184] Rosalie Colie, *Light and Enlightenment: A Study of the Cambridge Platonists and the Dutch Arminians* (Cambridge University Press, 1957), 15. Em minha opinião, não há melhor estudo do Arminianismo Latitudinariano em inglês que o de Colie.

comunhão com toda a comunidade cristã, ou pelo menos com todos os cristãos protestantes"[185].

Os platonistas de Cambridge tinham uma abordagem acadêmica para se assegurar, mas focavam mais em suas origens do que no lado conservador da escala. Em outras palavras, desejavam conservar o melhor que a fé cristã histórica havia deixado para a posteridade. Para consolidar esse feito, acreditavam que os antigos artigos da fé deveriam ser colocados sob o escrutínio da razão, e eram sinceros em suas crenças de que o pensamento cristão transformaria a mente em amor fraternal e honra a Deus.

Rosalie Colie apropriadamente observara: "Os platonistas de Cambridge buscavam salvar o máximo de homens que conseguiam, para abrir a mente humana ao amor a Deus, para despojá-los de seus medos de um Deus vingativo, de modo que todos os homens poderiam passar suas vidas apropriada e calmamente na busca de seus chamados e na veneração de Deus[186]. O medo que tinham de um entusiasmo religioso, contudo, levou a que confiassem tanto numa pura racionalidade que, certamente sem intenção, acabaram por pavimentar o terreno para o deísmo. Os platonistas de Cambridge não mais podiam ser responsáveis pelo deísmo do que é possível pela "hermenêutica cartesiana de suspeição" que tão completamente viera a caracterizar o Iluminismo moderno.

Ainda assim, é claro que os espíritos assemelhados do Arminianismo inglês e do platonismo de Cambridge eram reflexos da época, mesmo que Armínio pessoalmente fosse contrário a ver nessa corrente suas reflexões. Um dos herdeiros teológicos de Armínio, Philippus van Limborch, ministro em Amsterdã e professor universitário no seminário remonstrante da cidade, manteve correspondências com Henry More e Ralph Cudworth por duas décadas (1667-1687), revelando uma conexão genuína entre os objetivos dos platonistas na Inglaterra e os arminianos na Holanda – uma proximidade de propósitos indicativa de uma atitude

---

[185] Idem, 2.
[186] Idem, 3.

moral surpreendentemente similar e a perspectiva sobre os mundos espiritual e físico[187]. Limborch tinha também um espírito congênere e uma aproximação estreita com John Locke, com quem se correspondeu de 1685 a 1704 (ano da morte deste último, em Amsterdã, onde ele vivera no exílio entre os tolerantes holandeses durante 20 anos)[188].

Enquanto, na Holanda, os remonstrantes arminianos eram expulsos da nação, praticamente o inverso ocorria na Inglaterra. Com o risco de uma super simplificação do caso, pode-se dizer que os prelados arminianos da Igreja da Inglaterra eram geralmente os perseguidores: a insistência por conformidade do arcebispo Laud impulsionou as facções puritanas dentro da Igreja – primeiramente fora dela e, depois, numa união com os presbiterianos e independentes numa revolta aberta[189]. Na era Crowmwelliana, Laud, como Oldenbarnevelt, morreria no patíbulo, embora por diferentes razões. Assim como Oldenbarnevelt, Laud morreu convencido de que estava correto tanto do ponto de vista político como religioso. No entanto, após a Revolta Crowmwelliana, a Igreja reconstruída se tornaria predominantemente arminiana. Tanto foi assim que, em 1688, o "triunfo técnico do Arminianismo na Igreja [Anglicana] era completo"[190]. A réplica sarcástica de George Morley à questão de "O que os Arminianos sustentam?" – "Todos os melhores arcebispados e decanos da Inglaterra!" – era mais precisa do que qualquer um conseguiria prever[191].

Para ser correto, o Arminianismo inglês não estava confinado à Igreja estabelecida da Inglaterra. Esses independentes, como John Goodwin, por exemplo, defendiam o Arminianismo contra o presbiterianismo. As anotações bíblicas de Henry Hammond, de inclinação

---

[187] Idem, 7. Veja também Nobss, *Theocracy and Toleration*.

[188] Veja os arquivos on-line da Universidade de Amsterdã para essas correspondências.

[189] Rosalie Colie, *Light and Enlightenment*,

[190] Robert S. Bosher, *The Making of the Restoration Settlement* (Londres:Dacre,1951)citada por Colie, *Light and Enlightenment*, 21.

[191] Carl Bangs, "All the Best Bihoprics and Deaneries": The Enigma of Arminian Politics, *Church History* 42, no. 1(1973): 5-12.

arminiana, substituíram as anotações calvinistas, ainda influentes em muitos setores. Não é um grande exagero afirmar que o Arminianismo do tipo latitudinariano penetra na vida eclesiástica em todas as partes da Inglaterra – exceto entre os presbiterianos inflexíveis e os calvinistas extremados.

ARMÍNIO, O WESLEYANO: A RECUPERAÇÃO PARCIAL E A POLÊMICA DE JOHN WESLEY

Esse é o cenário da Igreja da Inglaterra, inclinada à doutrina arminiana, em que John e Charles Wesley nasceram. Fica claro que não era a personalidade de Armínio nem suas distintivas ênfases teológicas que desempenhavam um papel significativo no Arminianismo inglês até esse ponto. Isso não é o mesmo que dizer, no entanto, que ele era desconhecido: em 1715, Thomas Bennet publicava *Directions for Studying* [*Direções para os Estudos*], em que as distintivas ênfases soteriológicas de Armínio eram extensivamente citadas. Richard Heitzenrater informa-nos que John Wesley comprara uma cópia de seu livro no final de 1730 e o lera totalmente em janeiro de 1731.[192] Essa leitura incluía um resumo conciso dos quatro decretos divinos relacionados à predestinação, como encontrados na *Declaration of Sentiments* (que servira de base para a Remonstrância de 1610), bem como o texto integral de *Public Disputation 15* [da Predestinação Divina].[193]

Um ensaio anterior explorava as distinções soteriológicas comuns de forma mais detalhada e profunda do que é possível realizar

---

[192] Richard P. Heitzenrater, *John Wesley and the Oxford Methodists*, 1725-35 (dissertação de doutorado, Duke University, 1972) 351n1.

[193] Thomas Bennet, *Directions for Studying*, 3ª ed. (Londres: James e John Knapton, 1727) 95-99.
A citação é do texto em latim da *Declaration* encontrado em *Opera*, 119. O texto de *Disp. pub.*, XV é de *Opera*, 283-85. Na p. 99, Bennet ainda faz menção ao leitor de *Disp. priv.*, XL-XLII, lamentando que suas extensões tornavam proibitivo copiá-las para este livro.

neste livro[194]. É suficiente dizer que Wesley estava ciente e fez uma apropriação consciente dos destaques bastante específicos de Armínio dos seguintes pontos:

1. A salvação está localizada unicamente na pessoa e na obra de Cristo como Redentor.

2. Todos que acreditam pela graça serão salvos, e os que não creem serão condenados.

3. Deus, através de Cristo, provê a graça para acreditar.

O que Wesley tende a evitar em sua soteriologia, com a evidente exceção de seletos tratados sobre predestinação, é a questão do conhecimento divino em relação àqueles que não creem e que, portanto, serão condenados. De fato, o próprio Armínio se esforçou muito para evitar essa parte especulativa, algo que seus opositores simplesmente não permitiam que ele assim fizesse.

Na mesma linha de Carl Bangs, Gerrit van Hoenderdaal afirma que Wesley provavelmente não entendera Armínio muito bem. Hendrikus Berkhof, por sua vez, asseverara que, de todos os wesleyanos que consideravam seriamente a soteriologia, os da tradição evangelical de Santidade são os mais prováveis "herdeiros legais" de Armínio.

Com referência às suas ênfases na aliança e em decretos, de fato Wesley provavelmente não entendera Armínio muito bem. Faltam evidências de se ele lera extensivamente ou não as obras de Armínio para ficar ciente do que este efetivamente ensinara nessas áreas. Todavia, conforme observado em ensaio de minha autoria anteriormente citado, Wesley praticamente concordava com Armínio em relação a como a

---

[194] Para obter um argumento mais envolvente da fidelidade soteriológica de Wesley para Armínio, veja W. Stephen Gunter, "John Wesley, a Faithful Representative of Jacob Arminius", *Wesleyan Theological Journal* 42, no. 2 (2007):65-82.

graça preveniente divina preserva as três ênfases ora observadas. Há um marcante paralelismo no modo distintivo de como a preveniência é apropriada por Wesley. É quase como se ele tivesse copiado a progressão teológica na *Declaration of Sentiments* de Armínio. No entanto, uma direta dependência literária não fica aparente, e daí a qualificação de que Wesley somente *em parte* recuperara as distintivas ênfases de Armínio. Essa ênfase arminiana está enraizada nas premissas antropológicas augustinianas que exigem uma doutrina evangélica de graça preveniente para possibilitar proativamente a pecadores que respondam positivamente às aberturas salvadoras de Deus.

Nos sermões expositivos de Wesley, assim como em seus eventuais tratados teológicos, pode ser observada uma consistente soteriologia arminiana, de 1730 até o início da década de 1770; mas, nesse período, nasce uma controvérsia que embaralha esses pontos distintivos. O embaralhamento das distinções não é gerado diretamente das mãos de Wesley, mas efetivamente se origina de uma conferência anual supervisionada por ele, que, aliás, é o responsável pelas minutas do evento. Aparentemente, o descuido no ordenamento de frases nas Minutas de 1770 reflete as tendências pelagianas nas quais os movimentos metodistas ficavam constantemente inclinados a cair. A exemplo do que ocorrera na época Wesleyana, os pronunciamentos formais teológicos enfatizavam o estado pecaminoso da humanidade depravada e a absoluta necessidade de uma graça divina para a salvação, mas a insistência do uso de expressões como "livre arbítrio" levava invariavelmente a um "beco sem saída" pelagiano, em que a iniciativa humana e sua implícita habilidade superavam a graça divina.

No final da década de 1760 e no início da de 1770, o renascimento metodista wesleyano estava em alta, mas alguns já sentiam que esse movimento começaria a declinar – e assim, evidentemente, havia uma necessidade perceptível de distinguir a onda wesleyana da dos efetivos esforços evangelistas metodistas calvinistas, ou da onda de Whitefield. Independentemente do que ocorrera na conferência anual dos pregadores metodistas wesleyanos de 1770, as minutas do encontro apontavam o seguinte[195]:

> Pergunta: Dissemos em 1744, "Nos inclinamos muito para o Calvinismo". Sob que aspectos?
>
> Resposta: (1) Em relação à crença do homem. Nosso Senhor, em si, nos ensinou a usar a expressão: Assim, jamais deveríamos ficar envergonhados com isso. Deveríamos, sim, asseverar a sua autoridade de que, se um homem não é "fiel no espírito incorreto de sua cobiça, Deus não lhe concederá as riquezas verdadeiras".
>
> (2) Em relação ao "trabalho para a subsistência", que Nosso Senhor expressamente nos ordena a fazer. "Labor", *ergazethe*, literalmente, "trabalho, para o alimento que dura para toda a vida". E, de fato, todos os crentes, até atingirem a glória, trabalham também para a subsistência.
>
> (3) Temos recebido isso como uma máxima, que "um homem não deve fazer nada de modo a ser justificado". Nada pode ser mais falso. Quem deseja receber a graça de Deus, deveria "cessar as maldades, e aprender a praticar a bondade". Quem se arrepende, deveria "fazer obras adequadas ao arrependimento". E se isso não está em ordem a fim de receber graças, o que ele fará então?
>
> Revise mais uma vez todo o tema...
>
> (4) Essa salvação não é a por obras?
>
> Não pelo mérito delas, mas sim pelas obras como uma condição.

---

[195] John Wesley, *Minutes of the Metodist Conference* (1770), em *The Biccentenial Edition of the Works of John Wesley*, vol. 10, *The Metodist Societies: The Minutes of Conference*, ed. Henry D. Rack (Nashville: Abingdon Press, 2011).

(5) Sobre o que então estivemos discutindo nesses trinta anos?

Receio que sobre palavras...

(6) Quanto ao próprio mérito em si, do que temos tido tanto medo? Somos recompensados de acordo com nossas obras, sim, por causa de nossas obras. Como isso difere de "graças a nossas obras"? E como difere do *secundum merita operam*, que não passa de "como merecemos por nossas obras"? É possível fazer uma distinção tão sutil? Aposto que não.

Essas declarações inclinavam-se mais para o lado do moralismo pelagiano do que, provavelmente, para algo do que Wesley já pregara ou publicara. Em maio de 1771, a *Gospel-Magazine* publicaria uma seção de estudos sobre as Minutas Metodistas, intitulando-as de artigos papais desmascarados[196]. Compare esses registros moralistas aos ensaios teológicos de Wesley nos primórdios do movimento, especialmente sua *Scripture Doctrine Concerning Predestination* [*Doutrina Bíblica Referente à Predestinação*] de 1741[197]. Embora o tratado tenha somente 16 páginas (de 3 x 5 polegadas) em sua primeira edição, trata-se de uma obra consistente da interpretação arminiana de Efésios 1.1, 1 Pedro 1.2 e 2 Tessalonicenses 2.13-14. Como implícito no título, o interesse primário de Wesley nesse breve tratado é o de descrever a base bíblica subjacente à sua contenda de que a eleição é fundamentada na presciência divina e que tem o propósito de santificação para boas obras. Seu propósito mais abrangente, no entanto, que abarca ambos os objetivos, é o de livrar a doutrina da predestinação de sua servidão à formação de teologias especulativas. 1 Pedro 1.2a é seu ponto de partida: "[...] eleitos,

---

[196] *The Gospel-Magazine* 65 (maio de 1771):230-32. Compare W. Stephen Gunter, *Limits of Love Divine* (Nashville: Kingswood Books, 1989), 227-66.

[197] John Wesley, *The Scripture Doctrine Concerning Predestination*, [ilegível] *Notions* (Bristol: E. Farley,1758), 177-92. Ele o republicou em *AM* 2 (1799):105-12, e ele também consta da edição de Benson de *The Works of the Rev. John Wesley* (Londres, 1812), 14:382-96.

segundo a presciência de Deus Pai, em santificação do Espírito, para a obediência". Se os eleitos são escolhidos pela santificação do Espírito Santo, conforme Wesley,

> [...] então eles não foram escolhidos antes de serem santificados pelo Espírito. Mas eles não foram santificados pelo Espírito, antes de existirem. É evidente, então, que não foram escolhidos desde a criação do mundo. Deus, no entanto, chamou coisas que não são como se fossem.

Ele aplica ainda essa exegese a 2 Tessalonicenses 2:13-14: "porque Deus os escolheu desde o princípio para a salvação, pela santificação do Espírito e fé na verdade. Foi para isso que também Deus os chamou mediante o nosso evangelho".

Portanto, eles não foram escolhidos antes de acreditarem, muito menos antes de existirem, e menos ainda por terem assassinado Cristo de forma brutal, antes de sua existência.[198]

Wesley acreditava que a Bíblia é clara sobre o que implica a predestinação:

> Se é o pré-apontamento de Deus que indica os crentes obedientes à Salvação, não sem, mas "de acordo com Seu pré-conhecimento" de todas suas Obras "desde a criação do mundo", e, da mesma forma, predestina ou pré-indica todos os infiéis desobedientes à Condenação, não sem, mas "de acordo com Seu pré-conhecimento" de todas suas Obras "desde a criação do mundo".[199]

---

[198] Randy Maddox, "Respected Founder/Neglected Guide: The Role of Wesley in American Methodist Theology", *Methodist History* 37 (1999):72.

[199] Wesley, *The Scripture Doctrine Concerning Predestination*, em Benson, *The Works of the Rev. John Wesley*, 14:421.

Uma porção significativa do restante do tratado descreve a base para a universalidade do evangelho, e Wesley conclui reafirmando que pensar que os seres humanos tinham não um "livre-arbítrio", mas um "arbítrio liberado" pelo qual conseguiam responder graciosamente à proclamação universal de que "os homens tinham o livre-arbítrio, não naturalmente, mas pela graça"[200].

ARMÍNIO, O PELAGIANO: JOHN FLETCHER E A POLÊMICA TEOLOGIA METODISTA

Como consequência da controvérsia inicial das Minutas, John Fletcher se tornaria a principal voz teológica a ocupar-se dos protegidos calvinistas de Whitefield. Em seu trabalho *Checks to Antimonianism*, há uma linha sustentada de argumentação acerca do tópico das boas obras por parte dos fiéis e de como elas se correlacionam com o dom da salvação. Claramente, a apologética é que as boas obras desempenham um papel causativo secundário, e não primário, na salvação. O que os metodistas iniciais e os outros metodistas desde então parecem ter perdido é que isso constitui, potencialmente, uma mudança pontual teológica da teocentricidade à antropocentricidade.

No metodismo do século XIX, o treinamento dos pregadores exigia que eles lessem essa obra de Fletcher como salvaguarda para não caírem na predestinação, mas, aparentemente, não era pedido que lessem os tratados *Scripture Doctrine Concerning Predestination* e *Predestination Calmly Considered* de Wesley ou outros tratados afins, mais inclinados às ideias de Armínio e com mais nuances teológicas. As homílias wesleyanas de leitura obrigatória simplesmente não lidavam com os pontos teológicos mais sutis. Conforme apontado por Randy Maddox, "Wesley transmitiu a seu movimento [alguns ensaios que refletiam não apenas] a essência da herança teológica cristã, com certas ênfases doutrinais

---

[200] Idem, 422.

características, mas [mais especificamente] um modelo multinível do "teologismo prático"[201].

Fontes do período de formação do metodismo do século XIX refletem que somente os tratados teológicos do *Book of Discipline* ("Livro da Disciplina"), os Sermões de Wesley e suas Anotações sobre o Novo Testamento encerravam a maior parte da leitura teológica. Até nos casos em que é feita referência para a leitura desses trabalhos, há mais entradas que refletem pouca ou nenhuma leitura de *quaisquer* tratados teológicos. No processo de se distingui-la de outros movimentos, como é o caso do metodismo americano, esse recurso foi consistentemente utilizado para a já citada obra *Checks of Antinomianism* de Fletcher[202]. Maddox conclui que "como tal, isso se tornou comum desde a primeira geração de pregadores americanos, de equalizar a teologia metodista com os Sermões de Wesley e os Exames de Fletcher". Maddox acerta ao apontar que Fletcher desenvolve uma apologética estendida sobre graça cooperativa, santificação total e a oferta universal da salvação, ou "redenção geral", em distinção a uma "eleição particular". Para os nossos propósitos, o insight de Maddox é útil quando observa que "os primeiros metodistas americanos gravitaram na rigorosa apologética de Fletcher e em seus modelos-padrão[203].

O metodismo americano também adotara conteúdo substancial e premissas teológicas de Fletcher, que se debruçara a escrever páginas e mais páginas sobre a revelação do Evangelho e o papel não meritório, e sim secundário, das boas obras na presente revelação salvadora. Uma consequência involuntária das ênfases de Fletcher conduzidas até sua conclusão lógica foi uma mudança antropocêntrica na soteriologia metodista. A perceptível importância teológica do conteúdo e do método de Fletcher é bem conduzida no século XX. Como aspirante a jovem

---

[201] Idem, 429.
[202] Maddox, "Respected Founder/Neglected Guide", 75.
[203] Idem, 76.

teólogo, fui muito influenciado por um de meus mentores a "absorver" os seus Exames.

Nas décadas anteriores à nossa redescoberta de Wesley – refletida na decisão de publicar uma edição crítica de seus trabalhos, formar um grupo de estudos wesleyanos na Academia Americana de Religião e encontrar os Kingswood Books –, mais de uma compilação de algumas dissertações de doutorado examinavam as ideias de Fletcher como método para se entender as figuras distintivas do metodismo; entre estas, as do nazareno John A. Knight e dos metodistas David Shipley e Al Coppedge, só para citar as referências mais proeminentes.

Esse não é um acidente histórico, e sim o resultado parcial de uma cadeia consequente de eventos lançados pelos próprios Wesley e Fletcher. A controvérsia das Minutas de 1770 efetivamente passou a ser conhecida como a Controvérsia Antinomiana; por isso, o [lançamento do] multivolume *Checks to Antinomianism*. Na acirrada disputa panfletária que se arrastou entre as antagônicas facções arminianas e calvinistas dos evangélicos ingleses por vários anos, a facção armínio-wesleyana fora reduzida ao Pelagismo, e a da linha calvinista fora caricaturada como antinomiana. No final dessas planfetagens, Wesley criou um periódico sob o título *The Arminian Magazine* para distinguir seu movimento metodista. Sua razão para fazê-lo está explicitamente estabelecida no primeiro volume: responder a publicações como a de *The Spiritual Magazine* e a de *Gospel-Magazine*, que abraçavam a doutrina da expiação limitada, defendendo a crença de que a vontade de Deus é que todos sejam salvos[204]. Cada tópico continha: (1) uma defesa teológica; (2) um extrato da vida de uma pessoa santa; (3) relatos e cartas de pessoas virtuosas; e (4) uma exibição de passagens ou versículos relevantes das Escrituras.

Em suma, o periódico era pura polêmica. Wesley estava comprometido a publicar vinhetas bibliográficas em edições mensais, e começara por Lutero. Mas, na edição sobre Calvino, Wesley não publicou um panorama da vida voltada a Deus desse teólogo. Em vez disso, repro-

---

[204] *AM* 1(1778):III-VIII.

duziu um resumo do tratamento descortês que ele dispensava àqueles que discordavam dele desde o ponto de vista teológico, especialmente Miguel Serveto e Sebastian Castelo (maio de 1778)²⁰⁵. Os Diálogos de Castelo sobre predestinação, eleição e livre-arbítrio foram extensivamente reproduzidos de janeiro de 1781 a setembro de 1782²⁰⁶.

Como editor-chefe, Wesley também selecionara, para publicação, tratados dos arminianos ingleses Thomas Goad, John Plaifere e John Goodwin. Aqui, o ponto especifica e pontualmente defendido é que o Calvinismo supralapsariano faz de Deus o autor do pecado, conclusão essa a que Armínio também chegaria em seu tratado *Declaration of Sentiments*. Wesley ainda republicara seu próprio tratado, *Predestination Calmly Considered*. Na edição de novembro de 1779²⁰⁷, enfatizara com uma nota distintivamente arminiana que, no ato da salvação, Deus faria tudo – e os seres humanos teriam somente o poder para resistir²⁰⁸. Armínio concordaria. É difícil harmonizar esse insight com a preocupação de Fletcher sobre o papel que as obras desempenham em nossa salvação – muito embora fosse um papel secundário e não causativo. A dialética arminiana (bem como a wesleyana nesse ensaio) é decididamente diferente da de Fletcher – se bem que a primeira seria posteriormente perdida de vista em razão de desenvolvimentos subsequentes entre os herdeiros de Wesley.

Ao longo do século XIX e até a metade do XX, John Wesley funcionara como o principal fundador/pregador do Metodismo, mas Fletcher era visto como seu principal teólogo. Wesley não era considerado seriamente como seu principal mentor teológico, e as polêmicas sobre Fletcher asse-

---

²⁰⁵ Idem, 201-9. O resumo é extraído de Samuel Chandler, *the History of Persecution from the Patriarchal Age to the Reign of George II* (Londres: J. Gray, 1736)

²⁰⁶ AM 4 (1781):7-15, 65-72, 121-28, 177-84, 233-38, 289-94, 345-52, 401-8, 457-63, 513-19, 569-74, 625-30; *AM* 5 (1782): 1-7, 57-61, 113-17, 169-73, 225-30, 281-85, 337-41, 339-97, 449-52.

²⁰⁷ *AM* 2:553-80.

²⁰⁸ W. Stephen Gunter, *Annotated Content Index: The Arminian Magazine*, vols. 1-20 (1778-1797), 41, disponível em <http://divinity.duke.edu/sites/divinity.duke.edu/files/documents/cswt/Arminian-Magazine-vols-1-20.pdf>, acesso em: 27 jun. 2013

guravam que ele essencialmente tinha coisas desagradáveis a dizer sobre seus "opositores" calvinistas. De fato, sua apologética era, às vezes, um lembrete do exagero semelhante de Augustinho versus Pelágio – exceto que a porta que Fletcher involuntariamente parece ter deixado aberta é a dos fundos da antropocentricidade pelagiana. Não quer dizer que ele fosse fraco *no pecado*, mas sim que, no caso, Fletcher estava preocupado com a contribuição que as obras humanas desempenham na salvação. É essa ênfase no metodismo americano e na cristandade wesleyana que é tão completamente contrária aos sentimentos teológicos de Armínio.

Até mesmo nas décadas anteriores a 1980, em que não era incomum ouvir a expressão "teologia armínio-wesleyana", persistia um Armínio truncado no algoritmo teológico. Carl Bangs e sua irmã, Mildred Bangs Wynkoop, provavelmente foram os únicos estudiosos finamente cientes de que Armínio ainda tinha algumas coisas mais a dizer sobre o que é "vendido" como uma distinção wesleyana – santificação e perfeição. O próprio Wesley provavelmente também desconhecia isso! Os wesleyanos têm se autoidentificado como arminianos ao afirmarem a oferta universal da salvação de que todos poderiam ser salvos, mesmo quem nem todos realmente o *sejam*. No entanto, os wesleyanos também têm equacionado a tradição arminiana em total oposição às noções de predestinação.

O problema é que Armínio não se sentiria absolutamente confortável com afirmações categóricas genéricas contra a predestinação, pois ele próprio acreditava muito fortemente nela. Mesmo quando se posicionava com os wesleyanos pela doutrina de uma graça preveniente evangélica, não compartilharia a preocupação com o papel das obras em "resolver nossa salvação". Se estamos perdidos, será por nossa própria falha, mas, quando cremos, será somente pela graça. As obras não têm nada a ver com isso. Por fim, ele chamaria os wesleyanos de volta a uma reflexão sobre a ênfase augustiniana na iniciativa salvadora de nosso soberano Deus que, em Cristo, fizera uma aliança para salvar a humanidade degradada. Se os wesleyanos conseguissem recuperar o senso arminiano da soberania centrada no amor de Deus, então seria realmente possível falar, com um certo grau de precisão, sobre uma teologia armínio-wesleyana.

CAPÍTULO 5

Jacó Armínio e Jonathan Edwards sobre a doutrina da criação

Oliver D. Crisp

"Ele sofreu muito na mão dos tradutores de seus estudos"[209]. Esse adágio literário poderia ser facilmente aplicado a Jacó Armínio. Conforme colocado por Keith Stanglin, o problema não mais lhe "pertencia"; Armínio não fazia parte de um "grupo fechado", a exemplo de Lutero, Calvino ou Cranmer. Os luteranos adoram Lutero; os reformados, de modo geral, adoram Calvino, e os anglicanos consideram Cranmer como o reformador inglês. Armínio, em contrapartida, é compartilhado por muitos que recorrem a ele como uma "base de apoio" e por outros que nem mesmo têm clareza sobre o que é imposto por seu nome. Os wesleyanos são uma classe dos arminianos, mas também o são os remonstrantes holandeses, os batistas gerais e anabatistas, bem como vários evangélicos sem uma confissão em particular.

Para complicar ainda mais, o Harmenszoon histórico não é o mesmo que o Armínio da fé. O homem da fé solapou a ortodoxia reformada,

---

[209] Sou muito grato a Jordan Wessling, Keith Stanglin e Mark Mann pelos comentários sobre um esboço inicial deste capítulo.

criando uma cisma na Igreja ao ensinar uma doutrina sinérgica da salvação e negar a soberania absoluta de Deus na criação e redenção. Ele se inclinava para uma descrição semipelagiana dos seres humanos após a queda, fazia da eleição condicional uma fé previdente, acolhia a ideia de que a expiação tem um escopo universal, imaginava que a graça fosse resistível e punha em dúvida que a eleição de uma pessoa era segura ou certa. O Harmenszoon histórico tem uma personalidade ainda mais complexa. Ele era um teólogo bíblico, para quem as Escrituras são as principais normas que regem todas as matérias da doutrina cristã.

No entanto, era também um teólogo escolástico que utilizava os métodos elênticos e de debates da teologia escolástica, atrelando-os à lógica ramística e com uma tendência para a doutrina do conhecimento médio de Deus que ele pode ter acrescentado às teologias protestantes. Além disso, foi ministro reformado e posteriormente professor de faculdade, mesmo que a essência de sua doutrina não comportasse de modo algum a corrente principal dessa tradição – e, em alguns aspectos, pudesse ser considerada antiética em relação a certos pontos importantes[210]. Acrescente-se à questão da recepção das ideias de Armínio e de seu lugar na história da teologia cristã os problemas associados a seus ensaios, dos quais nem todos são de domínio público (a maioria sequer consta em publicações críticas modernas). Parece surpreendente pensarmos que a tentativa que mais se aproxima de uma tradução dos trabalhos de um teólogo de tanta importância ou influência aconteceu pela última vez no século XIX como um tratado sobre o amor[211].

---

[210] Um aspecto do legado de Armínio era o Sínodo de Dort e seus cânones. Armínio viveu e morreu como ministro reformado e professor. Seus seguidores imediatos, incluindo o formidável EpiscopiusEpiscopius, formaram a parte remonstrante objeto da ira do sínodo. Nesse ponto da História, porém, Armínio já havia morrido. Sua importância para o movimento remonstrante indiscutivelmente foi maior para a ampla faixa de possíveis trajetórias que suas ideias provavelmente puderam seguir do que para os aspectos específicos da doutrina que abraçara.

[211] Uma boa revisão do recente interesse dos estudiosos em Armínio pode ser encontrada em Keith D. Stanglin, "Arminius and Arminianism: An Overview of the Current Research", em *Arminius, Arminianism, and Europe: Jacob Arminius* (1559/60–1609), ed.

O foco deste capítulo é a doutrina da criação em si. Essa doutrina se sobrepõe a várias outras em grande parte das teologias tradicionais, incluindo as da eleição ou providência, mas, neste capítulo, nos ocuparemos com a doutrina da criação, e não com a eleição ou a providência, pois elas são sustentadas pela primeira, embora sejam tópicos controversos e importantes nas ideias de Armínio. A ocasião deste ensaio coincidiu com a publicação do primeiro trabalho introdutório da teologia de Armínio por um longo período, no volume *Jacob Arminius: Theologian of Grace* [*Jacó Armínio: Teólogo da Graça*], de Keith Stanglin e Thomas McCall[212]. Nele, os autores chamam atenção para o formato e a ortodoxia do entendimento de Armínio da criação e para o fato de que Armínio era, com frequência, mal interpretado ou mal-entendido sobre esse tópico e vários outros. A fim de testar a tese de McCall de que o Armínio religioso é um teólogo muito diferente do Harmenszoon histórico, vou comparar a doutrina arminiana com a de um pensador reformado do século XVIII, considerado de modo geral no evangelismo popular contemporâneo como um exemplo de pensador reformado: Jonathan Edwards.

Apesar da distância no tempo e na geografia que os separam, a comparação é instrutiva. Os evangélicos contemporâneos geralmente consideram Edwards um modelo de teólogo reformado. Para "os membros jovens, inquietos e reformados", Edwards era um divulgador de ideias cuja teologia é o paradigma perfeito do que a teologia reformada deveria se parecer, acima e contra a teologia antropocêntrica de Armínio[213]. Nos trabalhos influentes e populares de ministros como John Piper, Edwards é tratado como celebridade por sua ênfase em uma absoluta soberania

---

Th Marius van Leeuween, Keith D. Stanglin e Marijke Tolsma, Brill Series em Church History 39 (Leiden, Brill, 2009), 3-24.

[212] Stanglin e McCall. Um primeiro esboço deste ensaio foi lido em um painel de debates sobre este volume na Conferência Anual da Sociedade Teológica Evangélica em Milwaukee, novembro de 2012.

[213] Veja Collin Hansen, *Young, Restless, Reformed: A Journalist's Journey with the New Calvinists* (Wheaton, Ill: Crossway, 2008). O retrato de Edwards inclusive adorna a capa do livro.

divina e na autoglorificação divina na criação do mundo[214]. Veremos, no entanto, que os dois divinos são o próprio Edwards, cuja doutrina explora todas as fronteiras do que é teologicamente permissível, enquanto a doutrina arminiana fica limitada aos parâmetros da ortodoxia da teologia reformada – mesmo que atípicos, sob vários aspectos.

AS IDEIAS DE ARMÍNIO SOBRE DEUS E A CRIAÇÃO

Em seu importante estudo das doutrinas arminianas sobre Deus, a criação e a providência, conforme observa Richard Muller, "é aparente não apenas que a doutrina arminiana sobre a criação, a exemplo da doutrina sobre Deus, está profundamente em dívida com a tradição escolástica – particularmente a do tomismo –, mas também que sua doutrina da criação é um dos pilares fundamentais de seu sistema teológico"[215]. A doutrina da criação não era periférica ou insignificante no sistema arminiano: ela ocupa um lugar de destaque e está conectada a diversos outros pontos de considerável importância para o correto entendimento do formato de seu trabalho – particularmente (como já indicado), seu entendimento da eleição e da providência. Por essa razão, compete a nós cuidadosamente prestarmos atenção para a forma adotada por sua doutrina.

Para entender corretamente o formato da visão arminiana, é necessário começar com os aspectos da sua teontologia, pois, como a maioria das abordagens dogmáticas da criação, o trabalho de Deus *ad extra* está intimamente relacionado a Sua natureza, à medida que se refere à criação. Arminio endossava uma abordagem clássica e tradicional da natureza divina, de acordo com a qual Deus é um ato puro e simples. Ele discorre, a seguir, sobre a simplicidade de Deus:

---

[214] Veja, p. ex., John Piper, *God's Passion for His Glory: Living the Vision of Jonathan Edwards* (Wheaton: Crossway, 1998), que inclui o texto integral da dissertação de Edward, *Concerning the End for Which God created the World*.

[215] GCP, 211.

A simplicidade é um modo preeminente da essência de Deus pelo qual é vazio de toda a composição e de todos os componentes individuais, quer pertençam aos sentidos do entendimento ou não. Ele não possui composição, porque não possui causa externa, e não possui componentes individuais, porque não possui causa interna... A essência de Deus, portanto, não consiste em componentes materiais, integrais ou quantitativos, matéria e forma, tipo e diferença, objeto e acidente, nem de forma ou objeto formado [...], nem hipoteticamente e pela natureza, habilidade ou efetividade, tampouco pela essência e pelo ser: pelo fato de que Deus é sua própria essência e seu próprio ser.[216]

Ao manter-se fiel a uma teologia ortodoxa protestante e característica do fim da era medieval, Armínio deixa claro que a essência de Deus "é aquela pela qual Deus existe"[217]. A existência de Deus, diz ele, é "um ato fluindo da essência de Deus, pelo qual sua essência significa ser [atuante] na ação em si"[218]. Além disso, a existência de Deus "é a Essência em si e de seu próprio ser; pelo fato de que a essência divina é, sob todos os aspectos, simples, assim como infinita, e, portanto, eterna e imutável"[219]. Suas perspectivas a esse respeito permanecem consistentes junto ao seu público e nos debates privados. Até mesmo em uma leitura superficial de partes relevantes de seus trabalhos, fica evidente que Armínio não se desvia substancialmente das normas do catolicismo ocidental a respeito da natureza ou da vida divina. Assim, em sua obra *Private Disputations* (*Debates Privados*), afirma: "Essa essência é livre de toda a composição, de modo que não pode entrar na composição

---

[216] *Disp. pub.*, IV.11; *Works*, 2:115. Para uma discussão útil sobre essa questão, compare Stanglin e McCall, 57-59.

[217] *Disp. pub.*, IV.7; *Works*, 2:114.

[218] Idem, IV.25; *Works*, 2:119.

[219] Idem, IV.28; *Works*, 2:119.

de algo"²²⁰. Além do mais, "a existência de Deus [...] é essencialmente simples e, portanto, na realidade, distinta de Sua essência", de modo que, de acordo com a capacidade confinada de nossa concepção, pela qual se distingue de Sua essência, Sua existência pode, de certa forma, ser descrita como um ato que flui de Sua essência, por meio do qual é intimada a ser ativa em si²²¹.

Nós podemos desconhecer a essência divina, assevera Armínio, mas, vagamente e por analogia, é possível aprender algumas coisas sobre Deus e Sua existência. Dessa maneira, somos capazes de ver que ser essencialmente simples e estar essencialmente atuando são predicados que se aplicam à essência divina.

Stanglin e McCall apontam que esse endosso da simplicidade divina em Armínio pode seguir uma linhagem mais escocesa do que tomista²²². Tomás de Aquino concede que há distinções racionais ou puramente conceituais que podem ser atribuídas a Deus, de modo que é possível falarmos em distintas hipóstases divinas da Divindade. Ele nega, no entanto, que haja "reais" distinções em Deus, como há, digamos, entre as partes dos corpos das criaturas, pois a natureza de Deus é simples.

Scotus, no entanto, acrescenta a esse conceito a ideia de que há distinções "formais" em Deus, em que uma distinção captura alguma diferenciação dentro da essência de algo. Com isso, a cor e a textura de uma maçã são formalmente distintas, mas pertencem numericamente à mesma entidade. Armínio ecoa essa linguagem escocesa em um ponto de sua obra Disputas Públicas – na qual, durante uma discussão sobre a simplicidade divina, observa que "independentemente do que é absolutamente atribuído a Deus, isso deve ser entendido essencialmente e não acidentalmente, e que essas coisas (quer muitas ou diversas) atribuídas a Ele estão em Deus, não muitas, mas uma". Segue: "É apenas por nossa maneira de considerá-las, de tratar-se de um modo composto, que elas

---

²²⁰ *Disp. priv.*, XV.9; *Works*: 2:339.
²²¹ Idem, XVI.3; *Works*, 2:340.
²²² Neste tema, eles seguem a leitura de Miller do Armínio. Veja Stanglin e McCall, 55.

serão distinguidas como muitas ou diversas", e conclui: "embora isso possa ser inapropriado de ser dito, pois são igualmente distintas por uma razão formal"[223].

Da simplicidade associada à infinidade divina, Armínio deriva a eternidade divina (isto é, a atemporalidade), a imensidão, a imutabilidade, a impassibilidade e a incorruptibilidade. Todos esses são atributos incomunicáveis, ou seja, perfeições divinas que Deus não compartilha com as criaturas[224]. Fora dessa vida perfeita, singular, Deus cria o mundo "*ex-nihilo*"[225], ou seja, a partir do nada. A criação é o produto de seus atributos comunicáveis, incluindo a bondade, a sabedoria, a vontade e o poder divinos[226]. Mais especificamente, é o eventual resultado da autodifusão intrínseca da bondade divina, de que todas as criaturas participam. Conforme destacado por Muller, esse aspecto da doutrina arminiana é extensivamente tomista por natureza e delineia a conexão entre o entendimento clássico da natureza divina e o que leva à criação[227]. Deus deseja criar um mundo em que as criaturas podem participar de Sua bondade. No entanto, trata-se de um ato livre de Deus; nada O impede de atuar dessa maneira – nem mesmo algo intrínseco à natureza divina, pois, diz Armínio, "o Senhor Onipotente não criou o mundo por uma natural necessidade, e sim pela liberdade de Sua vontade"[228] (é possível ver, que ao modificar esse componente essencialmente tomista de uma doutrina clássica de Deus, Edwards finaliza com um entendimento muito diferente da liberdade de Deus na criação).

---

[223] *Disp. pub.*, IV.11; *Works*, 2:115, com a adição da ênfase.

[224] Idem, IV.13; *Works*, 2:116.

[225] Veja, p.ex., a declaração concisa dessa doutrina em *Disp.priv.*, XXIV.3; *Works*, 2:355; e *Certain Exemples to be Diligently Examined and Weighed*, VI.1, em *Works*, 2:711. Muller aborda uma discussão interessante de algumas características inusitadas da concepção arminiana sobre a criação a partir do nada. Parece que Armínio pensava no *nihil*, a partir do qual Deus cria como uma matéria primária de Aristóteles. Veja *GCP*, 215-16.

[226] *Disp. priv.*, XXIV.4; *Works*, 2:355.

[227] GCP, 213-14.

[228] *Disp. priv.*, XXIV.10; *Works*, 2:357.

À medida que Armínio entende a asseidade e a liberdade divinas, isso implica que Deus está livre para privar-se de criar e não tem mais necessidade da ordem criada. As bênçãos de Deus (*beatitas*) são perfeito deleite em Sua própria perfeição[229]. Esse é um atributo incomunicável peculiar a Deus, sendo um ato tanto de entendimento como de vontade, e fonte de bênçãos para as criaturas.

Mas Deus não precisa criar; não há nada na natureza divina que exige um ato de criação para manifestar essa beatitude, ou sublimar a instanciação da glória divina *ad extra*. Conforme colocado por Stanglin e McCall, "Armínio insiste que a simplicidade e a asseidade de Deus implicam que a Ele não falta nada de bom – consequentemente, para Deus, não é necessária uma exibição externa da glória divina"[230]. Além disso, "não pode faltar nada a Deus, tampouco Ele ter alguma necessidade, nem mesmo a da glorificação pela exibição de justiça ou ira"[231]. Conforme posto por Armínio, "Deus [...] não precisa ilustrar Sua glória extrinsecamente por misericórdia, justiça ou ira, nem por graça, como é ora entendido. Ele, no entanto, pode fazer uso do pecador para a glória de sua graça, piedade, ira ou severidade, se consegue ver adequação para fazer isso (*visum fuerit*)"[232].

Há outros aspectos da doutrina de Armínio sobre a criação que são relevantes ao nosso presente estudo. Por exemplo, ele nega que Deus poderia criar criaturas simplesmente com o propósito de destruí-las no inferno. Ao contrário, Deus cria de acordo com Sua natureza essencialmente benevolente, de modo que todas as criaturas que Ele faz nascerem são boas[233]. O que Deus deseja criar, Ele cria *per Si*, ou em Si, como algo bom. O mal não é desejado *per* Si, mas *por acidente*, isto é, de

---

[229] Stanglin e McCall, 79.
[230] Idem, 80.
[231] Idem, 81.
[232] *Exam. Gom.*, *Works*, 3:707.
[233] Nas *Dec. sent.*, de Gunter, 116, escreve Armínio, "O decreto da condenação é um ato detestável que nasce do ódio. O ato da criação, no entanto, não se desenvolveu a partir do ódio, e não deve ser construído como um modo ou meio de conseguir executar tal

maneira acidental, ou contingentemente, e não como uma expressão da bondade essencial de Deus[234]. Isso reflete o fato de que Armínio é um intelectual e não um voluntarista, ou seja, ele imagina que Deus cria por boas razões que são logica e explanativamente anteriores àquilo que Ele deseja. Em contrapartida, o voluntarista diz que não há razões antecedentes aos atos de Deus *ad extra*. Assim, em sua *Declaração de Sentimentos*, escreve Armínio:

> Mais do que ser um aliado de Deus, o ato da criação é bastante adequado para Ele. É, eminentemente, uma ação mais apropriada para Ele, e trata-se de um ato para o qual Ele poderia ser movido sem nenhuma outra causa externa. De fato, a criação é o ato primordial de Deus, e até que fosse concluída, nada poderia ter uma legítima existência, exceto o próprio Deus, pois todas as outras coisas começam a ter existência através desse ato.[235]

Embora o tópico ora apresentado não seja a providência propriamente dita, alguns comentários sobre o entendimento de Armínio do ato da criação e de como ele comporta a governança divina do mundo são apropriados nessa conjuntura. Em primeiro lugar, Armínio aparentemente não endossa a doutrina escolástica da criação contínua. Sob essa visão, tanto o ato da criação como a conservação do que é criado em seguida são dois aspectos de um ato divino atemporal e eterno, aprendido como eventos distintos com o tempo por criaturas humanas finitas. Contrariamente, Armínio parece pensar nessas duas coisas como ações divinas distintas e que Deus (estranhamente) executa ao longo do tempo: "Trata-se de um ato do entendimento prático, ou do desejo

---

decreto. A criação é um ato perfeito de Deus que declara Sua sabedoria, bondade e onipotência." Todas as referências às *Dec. sent.* neste capítulo são para a edição de Gunter.
[234] *Disp.pub.*, IV.63; *Works*, 2:129-30; Stanglin e McCall, 71.
[235] *Dec. sent.*, em Gunter, 117. Compare Stanglin e McCall, 69-70.

empregando o entendimento, não completado em um único momento, mas sim continuado nos momentos da duração das coisas"[236].

É difícil ver o que pode dar significado à alegação de que um ato atemporal, eterno, puro e simples (de certa forma) gera diversas ações no tempo, pois um ser como esse não pode ter relações temporais. É mais fácil, penso eu, ver o que pode dar significado pela alegação de que o ato atemporal, eterno, puro e simples é o de Deus gerar distintos efeitos temporais: criação com o tempo e conservação da criação na sequência. No entanto, isso não parece ser o que Armínio efetivamente afirma. Ao menos um dos tradutores recentes de seus trabalhos pensa que devemos considerar sua declaração como o significado manifesto sobre ações divinas temporais, o que levanta dúvidas sobre a integridade de sua teologia[237].

Armínio também é um defensor do molinismo – ou seja, a doutrina do conhecimento médio divino. A esse respeito, ele tinha uma ideia incomum entre os teólogos reformados do período compreendido entre os primórdios da ortodoxia reformada, que abarca desde a segunda metade do século XVI às primeiras décadas do século XVII. Embora ele não cite nominalmente Luís de Molina, fica claro por uma série de fontes que Armínio endossava essa doutrina[238]. Todas as partes concordavam que Deus tem conhecimento natural (de tudo que é necessário e possível) e conhecimento livre (de como as coisas estão nesse real mundo gerado

---

[236] *Disp. priv.*, XXVIII.3; *Works*, 2:367.

[237] Compare Muller que escreve, "Armínio parece, conscientemente, ter estreitado o escopo da providência especificamente para atividades divinas temporais e com os conceitos da ordem criada e de ter mantido essa definição estrita ao modificar o conceito de *continua creatio*" (*GCP*, 248).

[238] Eef Dekker chamou a atenção para isso em seu artigo, "Was Arminius a Molinist?", *Sixteenth Century Journal* 27, n. 2 (1996): 337-52. Escreve ele, "Armínio não apenas menciona a teoria do conhecimento médio, mas também a incorpora em sua teologia. Ela aparece em todas as formulações cruciais de sua doutrina do conhecimento divino... O conhecimento médio é vital para Armínio, pois ele é um ponto fundamental em sua tentativa de construir uma teoria com a ajuda do que ele pode mostrar que Deus e os seres humanos são livres." (Idem, 351).

por Deus). A ideia molinista de um conhecimento médio prevolicional era, no entanto, uma inovação na esfera dos círculos reformados.

Stanglin e McCall resumiram isso bem, ao dizerem que "o conhecimento natural inclui o conhecimento de todas as coisas que devem ser (no sentido da necessidade lógica) bem como das que poderiam ser (no sentido da possibilidade lógica), ao passo que o conhecimento livre é o conhecimento de Deus do que será. Entre esses, entretanto, há o conhecimento médio, que se trata do conhecimento de tudo que seria[239].

Descobrir se Armínio realmente endossava o conhecimento médio tem sido objeto de alguns debates em estudos recentes sobre suas ideias. Todavia, parece claro que ele efetivamente endossava essa doutrina[240], uma vez que dizia coisas como: "É necessário para esse conhecimento médio intervir em coisas que dependam da liberdade da escolha criada"[241]. Tendo dito isso, Eef Dekker argumenta que a lógica interna da posição arminiana a respeito da ordenação divina e da liberdade humana é efetivamente desordenada e colapsa em uma espécie de determinismo metafísico. Embora Armínio houvesse negado essa hipótese, Dekker conclui que as tensões internas na teologia arminiana forçavam-no nessa direção. Apesar de ele "sugerir uma espécie de indeterminismo epistemológico no lado humano", isso não "afrouxa os laços do determinismo metafísico", se consideradas todas as premissas, e "pode levar a mais incoerências" em seu pensamento[242].

---

[239] Stanglin e McCall, 67.

[240] Veja William Gene Witt, "Creation, Redemption, and Grace in The Theology of Jacob Arminius", 2 vols. (dissertação de Ph.D., Universidade de Notre Dame, 1993). O documento de Dekker, "Was Arminius a Molinist?" é em parte uma resposta às alegações de Witt.

[241] *Disp. pub.*, IV.45, citado em Stanglin e McCall, 68.

[242] Eef Dekker, "Jacob Arminius and His Logic: Analysis of a Letter," *Journal of Theological Studies* 44 (1993): 118-42, especialmente 138. Esse ponto é debatido por Thomas H. McCall em seu ensaio no presente volume ("Was Arminius an Unwitting Determinist?") no qual ele argumenta que o consenso mais amplo dos trabalhos de Armínio contradiz a estrita leitura da carta sobre a qual foca Dekker.

Sendo assim, e dentro das possibilidades, podemos resumir algumas das principais afirmações sobre a doutrina da criação na teologia arminiana, descritas a seguir:

1. Deus é um ato puro simples.

2. Deus é livre e existe *como Si*.

3. Ele se deleita perfeitamente em Sua própria perfeição.

4. O auto deleite de Deus não exige a criação de um mundo em que deve exibir este auto deleite.

5. Com isso, a criação é um ato livre:

a. Deus poderia se abster de criar um mundo; e

b. poderia se abster também de criar esse mundo.

6. Deus cria de acordo com seu próprio prazer e vontade, refletindo a sua própria personalidade (esse é o intelectualismo de Deus).

7. Deus cria o mundo bom *per si*; o mal é gerado por acidentes.

8. A criação e a conservação são duas ações divinas temporais distintas.

9. Deus, eterna e prevolicionalmente, sabe tudo que é necessário e possível.

10. Deus, eterna e prevolicionalmente, sabe tudo que obterá em todos os logicamente possíveis estados de coisas em que Ele as cria.

11. Deus, eterna e pós-volicionalmente, sabe o que obterá no mundo que criou.

12. Deus cria o mundo "*ex-nihilo*".

À parte do inovador uso do conhecimento médio (expresso nos itens 9-11) e de seu abandono da abordagem escolástica da criação contínua (em 8), os principais contornos da doutrina arminiana da criação parecem se conformar bem às fronteiras da ortodoxia clássica.

AS IDEIAS DE EDWARDS SOBRE DEUS E A CRIAÇÃO

Vamos agora analisar Jonathan Edwards. Ele também defendia uma abordagem clássica da natureza divina e de seus atributos, incluindo suas obras, tanto não publicadas como publicadas, nas quais alega que Deus é um ato puro e simples atemporal[243]. Assim, em seu livro de anotações [*Miscelâneas*], verbete 94, diz que o "Espírito Santo é o ato de Deus entre o Pai e o Filho infinitamente amorosos e prazerosos entre eles". Acrescenta ainda que o Espírito Santo é distinto de cada um dos dois entes [divinas pessoas] e, no entanto, é Deus; pois o perfeito e puro ato de Deus é Deus, em razão de Deus ser um ato puro. Parece que esse é Deus, pois aquele que age perfeitamente é essencialmente ato e nada exceto ato[244].

Além do mais, e a exemplo de Armínio, ele pensava na simplicidade divina como primariamente um componente da teologia apofática,

---

[243] Isso tem sido debatido em vários estudos recentes do trabalho de Edwards, especialmente o de Amy Plantinga Pauw, *The Supreme Harmony of All: The Trinitarian Theology of Jonathan Edwards* (Grand Rapids:Eerdmans, 2002); e Michael J.McClymond, "Hearing the Shymphony: A Critique of Some Critics of Sang Lee's e Amy Plantinga Paws's Accounts of Jonathan Edwards's View of Good", em *Jonathan Edwards as Contemporary: Essays in Honor of Sang Hyun* Lee, ed. Don Schweitzer (NovaYork: Peter Lang, 2010),67-92. Há, no entanto, boas evidências de que Edwards defendeu essa alegação. Para conhecer os argumentos dessa conclusão, veja Oliver D. Crisp, "Jonathan Edwards on Divine Simplicity", *Religious Studies* 39, no.1 (2003):23-41; Oliver D. Crisp, Jonathan *Edwards on God and Creation* (Nova York: Oxford Universiy Press, 2012); e Kyle Strobel, *Jonathan Edwards's Theology: A Reinterpretation* (Londres: Bloomsbury and T&T Clark, 2013).

[244] YE, 13:260. O completo *Works* também está disponível on-line em Yale Jonathan Edwards Center, no endereço <http://edwards.yale.edu/>. Essa é uma plataforma pioneira de acesso gratuito com ferramenta de busca que encerra muito mais sermões e anotações de Edwards do que a própria edição impressa.

enfatizando que a natureza divina não é composta[245]. Edwards defende a asseidade divina, mas entende-a de maneira cristalina em termos de sua doutrina do determinismo teológico, de modo que as porções de liberdade divina atribuídas a Deus necessariamente atuam de acordo com a perfeição de Sua natureza[246]. Como é bem conhecido, Edwards defende em sua dissertação, *O Fim para Qual Deus Criou o Mundo*, que o fim definitivo de Deus na criação é Sua própria glorificação[247]. O que se conhece bem menos é que Edwards também é comprometido com as seguintes alegações teológicas controversas presentes em sua doutrina da criação: que (a) Deus é essencialmente criativo, de modo a poder criar algum [tipo de] mundo[248]; e que (b) qualquer encenação da criação divina deve contemplar a exibição do espectro completo dos atributos divinos, incluindo a justiça e a ira de Deus, bem como sua graça e misericórdia.

Vamos considerar essas alegações sucessivamente. Edwards pensa que Deus é essencialmente criativo. Com isso, ele quer dizer que a natureza de Deus é tal que Ele deve "se comunicar" em algum ato de criação. Não trata-se meramente de um Deus criativo que pode gerar um mundo ou outro, embora pudesse se abster de fazê-lo. Dessa forma, o Deus de Edward é como um artista para quem a ação criativa não é somente apropriada ou esperada, mas inevitável, dada a sorte de talentos ou o caráter que Deus tem. Alguns artistas falam de suas obras como sendo algo compulsivo; é como se não conseguissem controlar seus impulsos: em certo sentido, é como se sentissem compelidos a

---

[245] Para uma discussão sobre esse ponto, veja Crisp, *Jonathan Edwards on God and Creation*, cap. 5.

[246] Jonathan Edwards, *Freedom of the Will*, YE, 1:377.

[247] *Concerning the End for Which God Created the World* pode ser encontrado em YE, vol.8.

[248] De fato, Edwards vai além disso para alegar que Deus deve criar esse mundo pois ele é o melhor mundo possível. Leitores interessados deveriam consultar William Wainwright, "Jonathan Edwards, William Rowe e a Necessity of Creation", em *Faith, Freedom, and Responsability*, ed. Jeff Jordan e Daniel Howard-Snyder (Lanham, Md: Rowman e Littlefield, 1996). Compare Crisp, *Jonathan Edwards on God and Creation*, caps. 3-4.

fazer obras de arte. Edward parece pensar em algo similar a respeito da Divindade: Deus deve criar, embora não por compulsão. Ele cria porque é essencialmente autodifusivo.

Isso, no entanto, poderia infringir duas premissas fundamentais da teologia cristã, que são a liberdade divina e a alegação de que Deus existe como Si. Se Deus é livre, então (como de modo geral se pensa) Ele deve ser capaz de criar e de abster-se de criar. Se o ato de criação é retratado como algo similar a um ato compulsivo, então algo se desviou de nosso raciocínio – pois, à medida que continua esse relato, um Deus perfeito deve ser perfeitamente livre para criar ou não quando vir adequação. Geralmente se pensa que um corolário para a liberdade divina é a asseidade divina. Deus é livre porque Ele independe de qualquer coisa criada, não dependendo da criação para sua felicidade ou realização; negar isso é negar algo básico para a natureza divina.

Será que a teologia de Edwards acaba negando um ou mais desses elementos da tradição? Em face disso, parece que sim. Nesse caso, no entanto, as primeiras ocorrências devem ser enganosas. Para começar, Edwards mantém que a liberdade divina é consistente com o determinismo, isto é, Deus atua de uma maneira comensurável com a necessidade, mas sem infringir a liberdade divina. Diz ele: "Não há nenhuma desvantagem ou desonra para um ser, atuar necessariamente no modo de mais excelência e mais felicidade, a partir da necessária perfeição de sua própria natureza"[249]. Ele também se utiliza de uma distinção entre a habilidade e a inabilidade moral e natural para fazer algo. Deus pode ser naturalmente capaz de fazer certas coisas, como mentir ou agir maldosamente. Ele, no entanto, é moralmente incapaz de tais atos, dada Sua natureza necessariamente benevolente. Longe de executar ações divinas inevitáveis e, portanto, sem significado moral, Edwards pensa que o constituinte mais próximo da moralidade de uma ação é a necessidade, a mais prazerosa possível: "Os homens não imaginam que um bom ato seja o menos prazeroso, pois o agente está sendo muito

---
[249] YE, 1:377.

determinado nisso por uma boa inclinação ou um bom motivo", diz ele, "mas nada mais [além disso]"[250].

Para Edwards, o que importa ao considerar tópicos de liberdade e responsabilidade moral, sejam humanos ou divinos, é que o agente em estudo seja capaz de executar a ação em questão se ele estivesse disposto a fazê-lo. Isso é verdade, pensa Edwards, independentemente se o agente em estudo pudesse executar ou não essa ação ou não – ou seja, Deus poderia ter criado um mundo de perversidade desassistida, se estivesse disposto a isso. A natureza de Deus, no entanto, é tal que Ele seria incapaz de gerar essa condição. É moralmente impossível que Deus atue dessa forma, embora não haja nenhum impedimento natural para que o faça[251].

O que dizer, então, da asseidade divina? Edwards é claro ao afirmar que Deus não tem necessidade alguma de criação, no sentido em que, sem ela, Ele se sentiria infeliz ou não realizado: Deus se posiciona sem nenhuma necessidade de suas criaturas, e não é recompensado por elas; tampouco pode ser dito que Sua felicidade foi proporcionada pela criatura em si[252]. Deus, no entanto, deve criar um mundo, dada a sorte de Sua natureza essencialmente criativa. Todavia, Deus não depende da criação em si e de Si para a felicidade ou a glória: ela é o instrumento através do qual Ele comunica essa glória e a une com a que já havia criado. Deus não precisa desse mundo mais do que os artistas precisam de suas pinturas para continuarem a existir, embora elas possam ser consideradas uma expressão de suas personalidades. Assim, no estudo *O Fim Para Qual Deus Criou o Mundo*, comenta Edwards,

---

[250] YE, 1:361.

[251] Veja a proveitosa discussão de William Rowell de Edwards sobre esse ponto em *Can God Be Free?* (Oxford University Press, 2004), 50, e o estudo de Muller, "Jonathan Edwards and the Absence of Free Choice: A Parting of Ways in the Reformed Tradition", *Jonathan Edwards Studies* 1, n. 1 (2011):3-22.

[252] *Miscellany* 679, em YE, 18:237-38.

> Há algo nessa disposição de Deus de comunicar a bondade que mostra como Ele é independente e autômato nesse ato, de uma maneira tão peculiar, e que se sobrepõe ao que é em benefício das criaturas... Deus ao ser todos e um ao mesmo tempo é absolutamente autômato. Os exercícios de Sua disposição comunicativa estão absolutamente em Sua essência, e não é possível encontrar algo, ou algum objeto, que os empolguem ou reúnam.²⁵³

Ao contrário, "tudo o que é bom e valioso no objeto, e a própria essência do objeto", provêm "do derramamento de sua bondade"²⁵⁴.

Parece que, na concepção de Edwards, a criação é a comunicação da bondade de Deus fora de Si Mesmo. Mais importante ainda é que qualquer ato criativo como esse deve incluir algum espaço para a exibição de atributos divinos desde então, à medida que Edwards explica, nas seções finais do segundo capítulo daquele mesmo estudo, que Deus faz todas as coisas para a Sua própria glorificação, e este é o propósito final de todas as obras feitas pelo Senhor. Observa Edwards: "pois parece que tudo o que já foi falado nas Escrituras como um propósito final das obras de Deus é resumido naquela expressão, 'na glória [de Deus], [do Senhor]'; que, é o nome pelo qual esse propósito das obras de Deus é mais comumente conhecido nas Escrituras, e parece ser o nome que mais habilmente dá significado para o ato"²⁵⁵. Até mesmo os próprios aspectos aparentemente muito diferentes com que Deus atua na criação – exibição de um atributo aqui, outro acolá – são de fato meramente partes ou fins subordinados em relação a esse mais amplo propósito final que Deus anteveria ao criar o mundo – a saber,

---

²⁵³ *Concerning the End for Which GOD Created the World*, em YE, 8:462.
²⁵⁴ Idem.
²⁵⁵ Idem, 8:526.

a exibição *ad extra* de Sua glória interna por intermédio de Sua comunicação às criaturas[256].

Uma das surpreendentes implicações desse pronunciamento sobre sua teologia é que Edwards concebe que Deus criou o mundo de modo que, *pela deificação*, possa se unir às criaturas eleitas. Embora não use a palavra *deificação* ou *divinização*, esse é claramente o desfecho de sua posição. No fechamento do trabalho, é declarado que:

> Podemos julgar o fim desejado pelo Criador na existência, natureza e tendência dadas às criaturas, pela marca ou termo que elas constantemente desejam em seus progressos eternos ou tendências, embora jamais chegue o tempo em que pode ser dito que isso foi atingido de um modo absolutamente perfeito.[257]

Ele continua a dizer:

> Mas se o rigor da união com Deus é visto como infinitamente exaltado, então a criatura deve ser considerada infinita e proximamente unida a Deus e, com isso, seus interesses também se aproximam aos de Deus; essa união, portanto, no seu final, não é vista propriamente com um respeito desconexo e separado, e sim com um respeito total.[258]

---

[256] Ver idem, 8:527-28. Para uma discussão recente desse tema, veja William M. Schweitzer, *God is a Communicative Being: Divine Communicativeness and Harmony in the Theology of Jonathan Edwards* (Londres: T&T Clark, 2012).

[257] *Concerning the End for Which God Created the World*, em YE, 8:535. Para a discussão da doutrina edwardsiana da tese, veja Crisp, "Jonathan Edwards and the Polemics of Theosis", *Harvard Theological Review* 105, no. 3 (2012): 259-79.

[258] *Concerning the End for Which God Created the World*, em YE, 8:535.

Essa é uma alegação teologicamente significativa para alguém que decidiu seguir na tradição do escolasticismo reformado.

Uma abordagem da doutrina de Edwards sobre a criação será incompleta se faltarem suas doutrinas duplas da criação continuada e do ocasionalismo[259]. Diferentemente de Armínio, Edwards pensa que a criação continuada é um ato divino único e eterno. Em contraste com a doutrina escolástica, Edwards constrói sua teoria em termos de uma criação continuada que nasce do nada, negando a conservação. Acrescenta, ainda, a alegação de que Deus é a única real causa do que se passa (isto é, o ocasionalismo), pressionando sua doutrina da criação na direção de uma abordagem tetradimensional da persistência de coisas criadas ao longo do tempo; ou seja, diferentemente de Armínio, ele concebe que o mundo não existe na forma integral e completa a cada momento de sua existência, mas sim como uma abreviação de uma série de estágios momentâneos existentes durante um período de tempo e que seguem juntos segundo uma convenção divina. Esse conceito é explicado com clareza em seu tratado sobre *Original Sin* (*Pecado Original*):

> Se a existência da substância criada, em cada momento sucessivo, é completamente o efeito do poder imediato de Deus naquele momento, sem qualquer dependência de uma existência anterior, tanto como a primeira criação do nada, então o que existe nesse momento, por Seu poder, é um *novo efeito*, e absoluta e simplesmente considerado, não o mesmo de qualquer existência passada, embora seja como ela e a siga de acordo com um método estabelecido. E não há identidade ou singularidade no caso, mas sim algo que depende da *constituição arbitrária* do Criador, que por Seu prudente estabelecimento soberano une esses novos efeitos sucessivos, tratados como únicos, ao comunicar a

---

[259] Eu tentei uma abordagem mais abrangente em Crisp, *Jonathan Edwards on God and Creation*.

eles propriedades, relações e circunstâncias – portanto, levando-nos a vê-los e tratá-los como únicos.²⁶⁰

Posteriormente, na mesma passagem, ele sublinha o seguinte ponto: "Assim, parece, se considerarmos estritamente a matéria, que não há essa coisa de identidade ou singularidade em objetos criados existentes em diferentes momentos, mas sim algo que depende da constituição soberana de Deus [...] pois, aparentemente, é uma constituição divina que cria a verdade em assuntos dessa natureza²⁶¹.

Nada persiste ao longo do tempo: nem os constituintes do mundo, nem o mundo em si. Aparentemente, segundo a linha de pensamento edwardsiano, o mundo está passando por uma espécie de aproximação. Em vez de descrever uma entidade que persiste ao longo do tempo, da criação à conflagração, o mundo seria efetivamente a abreviação de uma série de mundos momentâneos, porém completos, que Deus acompanha, fazendo parecer que há uma ação ao longo do tempo, embora, estritamente falando, é a "constituição divina que cria a verdade" neste caso.

Para esclarecer ainda mais esse ponto, uma analogia poderá ajudar: imagine um cinetoscópio do século XIX. Esse era um antigo aparelho cinematográfico montado em uma caixa de madeira, com um furo através do qual um observador poderia ver uma imagem em movimento. Tratava-se, de fato, de uma versão primitiva dos tipos de imagens vistas regularmente nas grandes telas das salas de cinema. As imagens eram instantâneos fotográficos da ação ao longo do tempo, que, quando rodados juntos, geravam a ilusão de movimento e ação. O entendimento de Edward sobre o mundo em que vivemos e sobre a criação contínua implica algo como esse aparelho, que consistiria numa

---

[260] YE, 3:402-403, itálico no original.
[261] Jonathan Edwards, *Original Sin*, em YE, 3:404, itálico no original. Tenho discutido três passagens do *Original Sin* numa extensão maior em Crisp, *Jonathan Edwards and the Methaphysics of Sin* (Aldershoot:Ashgate, 2005).

série desses instantâneos numericamente distintos, acoplados juntos, como se fosse pela convenção divina.

Há no mínimo dois modos de podermos entender isso. De um lado, é possível argumentar que essa perspectiva da criação contínua faz do mundo uma espécie de jogo divino que enfraquece a real ação das criaturas ao longo do tempo. De acordo com essa linha de pensamento, qualquer pessoa em um determinado momento está estritamente falando de uma forma numericamente distinta do que perceberíamos ser a fala da mesma pessoa no momento seguinte. Poder-se-ia pensar no custo dessa abordagem, se ela implica que nada persiste ao longo do tempo, fazendo todas as coisas radicalmente dependentes da vontade de Deus.

Em contrapartida, é possível também simplesmente aceitar a espécie de retrato metafísico do mundo pressuposto por Edwards, permitindo que alguma sorte de tetradimensionalismo seja verdadeira. Poderíamos considerar, talvez, que as coisas persistam ao longo do tempo, não ao ser numericamente as mesmas a cada momento de suas existências, mas sim por terem partes físicas no tempo assim como as têm em um determinado tempo. Exatamente como eu tenho um braço direito e um esquerdo, em que ambos são diferentes partes físicas, também tenho uma parte de mim que existiu ontem e outra parte que existe hoje. Essas são o que denominamos de minhas partes temporais. Então, para falar de "mim", é preciso falar de algum objeto tetradimensional que se estende ao longo do tempo e do espaço. Trata-se de algo que tem partes físicas em um determinado tempo e partes temporais ao longo de um determinado período. Esse, ou algo muito parecido, é o tipo de perspectiva que Edwards parece endossar[262]. Ela é um tanto contraintuitiva, mas seu apelo – ou a falta dele – depende muito de se a pessoa deseja aceitar, ou não, o tipo de visão tetradimensional do mundo para a qual Edwards subscreve.

---

[262] Em *Jonathan Edwards and the Metaphysics of Creation* (Aldershot: Ashgate, 2005), defendo essas alegações mais abertamente. Contudo, Michael C. Rea tem discutido que o tetra-dimensionalismo edwardsiano está mais próximo de uma teoria de etapas do que de uma por partes temporais.

Ele também abraça uma doutrina do panteísmo, isto é, a alegação de que o mundo é de certa forma uma emanação de Deus. Em sua dissertação *Concerning the End for Which God Created the World [O Fim Para Qual Deus Criou o Mundo]* e em outros estudos[263], Edwards explicita pensar que o mundo é semelhante a uma emanação de Deus, uma entidade como a sombra, que é o resultado necessário da criatividade divina:

> A emanação ou comunicação da plenitude divina, que consiste no conhecimento de Deus, amor a ele e alegria nele, tem relação tanto com Deus como com a criatura: mas se relaciona com Deus como sua fonte, como é uma emanação de Deus e como a comunicação em si, ou a coisa comunicada, é algo divino, algo vindo de Deus, de sua plenitude interna, como a água do ribeirão é algo [que emana] da fonte; e os raios solares [emanam] do sol [...] Aqui há tanto uma emanação como uma reemanação. A refulgência brilha tanto na como sobre a criatura; e é refletida de volta para a luminária. Os raios da glória vêm de Deus, são algo de Deus, e são restituídos novamente para a sua origem, de modo que o todo é de, em e para Deus; e ele é o início, o meio e o fim nesse processo.[264]

Ainda que o panenteísmo de Edwards não o force além da ortodoxia, deve ficar claro desse esboço de sua doutrina da criação que ela

---

[263] Ele envolve o mesmo quadro metafísico do mundo, dividido em pedaços só que diferentemente, em estágios momentâneos e não em secções temporais de um todo tetra-dimensional. Veja seu trabalho "The Metaphysics of Original Sin" em *Persons:Human and Divine*, ed. Peter van Inwagen e Dean Zimmerman (Oxford: Oxford University Press, 2007), cap.14. Rea refere-se ao fato que esse tetradimensionalismo pode ser encontrado nas obras de outros pensadores do século XVIII, como é o caso de David Hume.
Algumas coisas ditas por ele podem sugerir o panteísmo e não o panenteísmo, mas a preponderância do que ele afirma nessa matéria tende para o último, não para o primeiro. Veja, p. ex., YE, 8:421e 439; *Miscellany* 27a, em YE, 13:213, *Miscellany* 697, em YE, 18;281; e *Miscellany* 880, em YE, 20:123.

[264] *Concerning the End for Which God Created the World*, em YE, 8:531.

parece ser muito diferente do tipo de perspectiva que se esperaria de um representante da ortodoxia reformada. Sob muitos aspectos, ela é mais próxima do tipo de posição que se encontra elaborada por Baruch Spinoza em sua Ética do que as de seus compatriotas na teologia continental e puritana reformada. Como John Cooper diz ao resumir a posição edwardsiana, "Considerados todos os aspectos, sua afirmação de que o todo é de [em e para] Deus, sua doutrina é mais bem construída filosoficamente como um panenteísmo[265] do que praticamente se alinha ao panenteísmo de Spinoza"[266].

Podemos então, a seguir, resumir o que vimos sobre as perspectivas de Edwards:

1. Deus é um ato atemporal, puro e simples.

2. Ele é livre e existe *como Si* (em que a liberdade divina é entendida ser consistente com o determinismo).

3. Deus é essencialmente criativo, de modo que Ele deve criar algum mundo para "comunicar" o ser divino *ad extra*.

4. Qualquer encenação da criação divina deve contemplar a exibição do espectro completo dos atributos divinos, incluindo a justiça e a ira de Deus, bem como Sua graça e misericórdia.

5. Deus cria para o propósito final de exibir Sua glória.

6. Ele comunica o ser divino para, *pela deificação*, eleger criaturas de modo a se unir a elas.

7. Nada persiste ao longo do tempo.

---

[265] Doutrina fundada pelo filósofo alemão Karl Christian Friedrich Krause (1781-1832), segundo a qual o universo está contido em Deus, e essa divindade transcende a totalidade do universo sem perder a unidade. [N. E.].

[266] John W. Cooper, *Panentheism: The Other God of the Philosophers, From Plato to the Present* (Grand Rapids: Baker Academy, 2009), 77.

8. O mundo presente é um estágio momentâneo em uma série de estágios que criaram o *seriatim ex-nihilo* por Deus e seguiram juntos de acordo com a convenção divina.

9. Deus é o único agente causal no mundo.

10. O mundo é a emanação da criatividade essencial de Deus, e é uma projeção misteriosa de Deus *ad extra*.

Embora haja uma sobreposição conceitual significativa com a doutrina de Armínio (pois ambos são teólogos que compartilham um legado comum e têm comprometimento com os amplos contornos de uma doutrina clássica de Deus), é claro que o entendimento edwardsiano de Deus e da criação é inovador sob vários aspectos importantes – muito mais inovador, de fato, do que a doutrina adotada por Armínio.

CONCLUSÃO

Essa comparação tem o escopo limitado e, por essa razão, tirar conclusões a partir desse estudo seria uma experiência um tanto arriscada. Uma abordagem completa da doutrina da criação de Armínio, ou da de Edwards, exigiria uma atenção redobrada aos detalhes, aos aspectos de suas respectivas posições – que nós somente esboçamos – e aos importantes modos nos quais outros fundamentais motivos em suas teologias desempenham uma função no que os dois afirmam sobre a doutrina da criação – como, por exemplo, o conceito da Trindade.

No entanto, o que até mesmo uma breve pesquisa como essa revela é que a alegação de que Armínio era um teólogo independente, ou um pensador irresponsável com a tradição que herdara, não pode ser sustentada quando isso se refere à sua doutrina, que é de fundamental importância para o seu sistema teológico. A inovação mais significativa feita por ele em sua abordagem da criação é a inclusão de uma doutrina do conhecimento médio. Isso efetivamente transporta-o para além da teologia reformada tradicional e daquelas teologias evangélicas contemporâneas que se dizem molinistas e reformadas, que se sairiam melhor caso prestassem mais atenção à dimensão histórica desse debate[267].

A conclusão mais surpreendente, todavia, de nossa comparação é que Jonathan Edwards, teólogo evangélico e suposto modelo dos reformados, tem uma doutrina da criação muito mais inusitada que a de Armínio. Poderíamos colocá-lo da seguinte forma: a abordagem hipertrofiada de Edwards sobre a absoluta soberania divina expressa em suas doutrinas do determinismo divino, da necessidade de criação, que é emanada por Deus, leva-o a adotar o panenteísmo – doutrina essa geralmente pensada como contrária à teologia cristã ortodoxa[268]. Inclusive, alguns críticos de Edwards, como Charles Hodge, alegam que seu trabalho recai no panteísmo, dado seu idealismo e uma robusta doutrina da criação continuada[269]. Mesmo sua visão sendo panenteísta, e não panteísta, digo que requer-se uma mudança muito mais significativa na teologia do que a adição de uma doutrina do conhecimento médio e de uma abordagem temporal da conservação divina, a fim de obter uma abordagem basicamente clássica da natureza divina.

A comparação é instrutiva. Ambos os pensadores são teólogos que se baseavam nas tradições teológicas do catolicismo ocidental e da Reforma. Ambos são instruídos no debate escolástico e utilizam o vocabulário específico da discussão ortodoxa reformada. Eles também são teólogos bíblicos, no sentido de que são profundamente engajados com a tradição escritural, buscando formar seus julgamentos teológicos

---

[267] Veja, p. ex., Terrance L. Tiessen, *Providence and Prayer: How Does God Work in The World?* (Downers Grove, Ill.: IVP, 2000).

[268] Uma definição padrão de panenteísmo afirma que o ente de Deus inclui e penetra em todo o Universo, de modo que cada parte existe Nele, mas Seu Ser é mais que (e não exaurido por) o Universo. (F. L. Cross e E. A. Livingstone, eds., *The Oxford Dictionary of the Christian Church*, 3ª edição [Nova York: Oxford University Press, 1997], 1213). Esta é a posição defendida por Edwards em *Concerning the End for Which God Created the World*.

[269] Veja Charles Hodge, *Systematic Theology*, vol. 2 (Grand Rapids: Eerdmans, 1940[1871]), 220. Para uma discussão recente de outras objeções à metafísica edwardsiana como panteística, veja Steven Studebaker e Robert Caldwell III, *The Trinitarian Theology of Jonathan Edwards: Texts, Context, and Application* (Farnham, Reino Unido: Ashgate, 2012), cap. 9.

de modo a refletir o formato e a coerência do que encontram nas Escrituras. Além disso, os dois desejavam inovar dentro das tradições que os conformavam, nos pontos em que pensavam ser apropriado fazê-lo. Na doutrina da criação, transpira que as inovações apresentadas por Armínio eram menos radicais que as de Edwards.

Tenho discutido que a doutrina da criação arminiana é expressão de uma abordagem amplamente ortodoxa, na tradição reformada pós-Reforma daquilo que é ocasionalmente referido como o Calvinismo tomista. Armínio é capaz de defender conjuntamente tanto a asseidade divina como a liberdade de criação, assim como a dependência das criaturas em Deus. Seu entendimento da motivação ou do propósito final de Deus na criação é também convenientemente cuidadoso e repleto de nuances.

Em contrapartida, Edwards retém a asseidade e a liberdade divina ao custo de fazer da criação o necessário produto da criatividade divina. Na realidade, como uma variedade de estudos têm demonstrado, o edwardismo implica o panenteísmo[270]. Isso não é ser necessariamente heterodoxo, mas coloca a teologia edwardsiana sobre Deus e a criação numa escala muito além do centro das abordagens ortodoxas clássicas da natureza divina (incluindo as abordagens ortodoxas clássicas reformadas) que a arminiana. Essa constatação não mostra que Armínio esteja mais próximo da corrente tradicional reformada do que Edwards, considerado todo o contexto, mas dá um certo crédito à visão de Stanglin e McCall de que Armínio não é o "bicho-papão" de grande parte da apologética calvinista sobre o *locus* doutrinal central, a saber, a doutrina da criação. De forma certa ou errada, Edwards é, de modo geral, considerado um modelo da teologia reformada, ao passo que Armínio é considerado sua antítese. Não se justifica que Edwards tenha gastado grande parte de

---

[270] Além de Crisp, *Jonathan Edwards on God and Creation*, veja, p. ex., John J. Bombaro, *Jonathan Edwards's Vision of Reality: The Relationship of God to the World, Redemption History, and the Reprobate*, Princeton Theological Monographs Series (Eugene, Oreg.:Pickwick Publications, 2012); Cooper, *Panentheism*, 74-77; e Douglas Elwood, *the Philosophical Theology of Jonathan Edwards* (Nova York: University of Columbia Press, 1960).

seu capital intelectual combatendo o que percebia ser "Arminianismo" – que não era o mesmo que a "teologia arminiana" –, mas sim uma sorte de sensibilidade teológica de livre-pensamento que implicava uma mudança antropológica, a qual Edwards (corretamente) via como ameaça. Isso é irônico, pois a doutrina da criação adotada pelo Harmenszoon histórico é efetivamente mais próxima da ortodoxia católica, incluindo a da teologia reformada, que a do próprio Jonathan Edwards.

CAPÍTULO 6

Convergência nas teologias "reformadas" de T. F. Torrance e Jacó Armínio

E. Jerome Van Kuiken

Um dos motivos subjacentes a este capítulo é a busca de fundamentos comuns entre aqueles que se autoidentificam como reformados e os que se consideram herdeiros de Armínio[271]. Uma enorme barreira para atingir esse objetivo é a rejeição dos teólogos reformados no Sínodo de Dort (1618-1619) no tocante às perspectivas associadas a Armínio.

Proponho pularmos o evento do Sínodo, de modo a construirmos uma ponte sobre esse obstáculo ao observarmos a convergência entre as ideias de um representante da teologia neorreformada – T. F. Torrance – e as de Armínio sobre os tópicos da predestinação, do escopo da expiação e do inter-relacionamento entre a atividade divina e a das criaturas (correspondentes ao U, L e I do acrônimo TULIP pós-Dort). Assim, de modo a não interromper a integridade do sistema desses teólogos, descreverei cada um deles separadamente antes de compará-los e tirar as conclusões.

---

[271] Por seus comentários nas versões mais antigas desse material, agradeço a Tom McCall, John Morgan, Kenny Johnston, Dick Eugenio, Bruce McCormack e Stephen Gunter.

No título do capítulo, o termo "reformado" está sendo usado num sentido qualificado em relação aos dois teólogos. É importante ressaltar que Torrance representa a teologia neorreformada, e não a teologia reformada tradicional. Do lado de Armínio, a denominação "reformada" dada a sua teologia é certamente controversa; Keith Stanglin, após pesquisar o debate entre Carl Bangs e Richard Muller sobre esse ponto, tem sugerido, no entanto, que há um certo grau de consenso. Armínio era "reformado" ao longo de sua existência, ao menos no sentido mais flexível do uso coloquial e eclesiástico desse termo. Na parte final deste capítulo, é esse sentido mais flexível que nos proporcionará considerar se Armínio pode ou não ser classificado como reformado em um sentido mais estrito e teológico. Todavia, devemos examinar primeiramente a teologia mais recente de Torrance antes de migrarmos até o passado, a fim de ver quais eram as ideias originais de Armínio.

T. F. TORRANCE E A TEOLOGIA REFORMADA

Thomas F. Torrance (1913-2007) tem sido aclamado como o principal teólogo reformado do século XX[272]. Entre suas qualificações na tradição reformada, damos destaque para sua extensa participação na Igreja da Escócia, na qual serviu em diversas funções, incluindo as de ministro, professor de teologia da New College, Edimburgo (1952-1979) e de moderador (1976-1977). Além disso, representava sua denominação e a World Alliance of Reformed Churches [Aliança Mundial de Igrejas

---

[272] Alister E. McGrath, *T. F. Torrance: An Intellectual Biography* (Edinburgh: T&TClark, 1999), xi; Elmer M. Colyer, *How to Read T. F. Torrance: Understanding His Trinitarian & Scientific Theology* (Downers Grove, Ill:InterVarsity, 2001), 11, 15, 20n14; Thomas F. Torrance, *Incarnation: The Person and Life of Christ*, ed. Robert T. Walker (Drowners Grove, Ill.: InterVarsity, 2008). George Hunsinger chamou-o de, indiscutivelmente, o maior teólogo reformado desde Karl Barth, em Thomas F. Torrance: A Eulogy", *Participatio: Journal of the Thomas F. Torrance Theological Fellowship* 1(2009):11. Compare nas pp. 6-10 do mesmo volume, a eulogia de Alasdair Heron.

Reformadas] em eventos ecumênicos com painéis de debates, também editando publicações dos escritos de Calvino²⁷³. Apesar do vasto currículo, Torrance era erroneamente considerado como um reformado da "escola antiga": como ex-aluno de Karl Barth, passou a ser um elemento-chave na mediação da teologia de Barth para a Grã-Bretanha, principalmente na supervisão das traduções da *Church Dogmatics* para o inglês²⁷⁴.

Ele também criticava abertamente o escolasticismo reformado – particularmente o de sua teologia federal e o de seu enorme legado na Escócia: a Confissão de Fé de Webminster e o padrão doutrinal subordinado da Igreja da Escócia. Torrance culpava os padrões de Webminster pelo que considerava ser desvios de uma teologia cristocêntrica para um pensamento legalista, "lógico-causal" – em especial em sua doutrina da predestinação²⁷⁵. A seguir, descreveremos suas críticas sobre as teorizações reformadas do passado (na qual ele, de maneira intempestiva, exibe palavreado ligado à heresia), bem como algumas propostas dogmáticas construtivas.

TORRANCE SOBRE A NATUREZA E O ESCOPO DA ELEIÇÃO E PREDESTINAÇÃO

Crucial para Torrance é a unidade indivisível do ato, da palavra e do ser em Deus. Jesus Cristo é coexistente com Deus, o Pai, e assim comparti-

---

[273] Colyer, How to Read T. F. Torrance, 43-47. Para uma biografia mais extensa de Torrance, veja McGrath, T. F. Torrance.

[274] McGrath. *T. F. Torrance*, cap.6 (113-45, esp. 126-28); Colyer, *How to Read T. F. Torrance*, 38-40, 44-45; D. Densyl Morgan, *Barth Reception in Britain* (Londres: T&T Clark, 2010), 1-3, 49,183-184, 193, 220-28,242-60. Torrance publicou dois livros sobre Barth: *Karl Barth: An Introduction to His Early Theology* 1910-1931, nova ed. (Edimburgo: T&T Clark, 2000); e *Karl Barth, Biblical and Evangelical Theologian* (Edimburgo: T&T Clark, 1990).

[275] David Fergusson, "Torrance as a Scottish Theologian", *Participatio* 2 (2010):79-82; The School of Faith: The Cathechisms of the Reformed Church, trad. e edit. com uma introdução por Thomas F. Torrance (Nova York: Harper&Bros,1959), XVI-XIX, XLII, LXIII-LXIV; Thomas F. Torrance, *Scottish Theology: From John Knox to John McLeod Campbell* (Edimburgo: T&T Clark, 1996), X-XI (citação da última página).

lha essa indivisibilidade[276]. Portanto, a palavra decretiva de Deus sobre a predestinação, no ato da eleição divina, não pode de forma alguma ser antecedente ou não estar correlacionada ao Ato e à Palavra divina eterna que é Cristo. Na condição de *logos*, ele, em seus próprios termos, é a única ou total lógica ou razão por trás da predestinação[277]. Afirmar algo diferente disso é Arianista (o desacoplamento do que Deus é para Si Mesmo em Seu Próprio Ser em relação ao que Ele é para nós mesmos, em Seu ato reconciliador, revelador, em Cristo) – ou Marcionita (a bifurcação de Deus em "dois 'deuses': um que se apresenta a nós em Cristo, e outro predestinatário e sombrio que age pelas costas de Cristo e sua cruz")[278].

A eleição, assim, começa na eternidade na figura de Jesus Cristo, que é tanto o sujeito como o objeto desse evento[279]. Como o Filho de Deus, ele o elege em uma ação unitária com o Pai. Na condição de Eleito, Cristo é, desde o início, *o logos incarnandus*, ou seja, a palavra que "será encarnada"[280]. A eterna eleição da humanidade de Cristo é, por implicação, a eterna eleição de toda a humanidade em Cristo e, de fato, de toda a criação em Cristo. Isso acontece porque Cristo é a Palavra atra-

---

[276] *Thomas F. Torrance*, "The Atonement. The Singularity of Christ and the Finality of Christ. The Atonement and the Moral Order", em *Universalism and the Doctrine of Hell*, ed. Nigel M. de S. Cameron (Grand Rapids: Baker, 1992), 231-33; Thomas F. Torrance, *Preaching Christ Today: The Gospel and Scientific Thinking* (Grand Rapids: Eerdmans,1994), 14-19, 27, 28; Thomas F. Torrance, *The Christian Doctrine of God: One Being Three Persons* (Edimburgo: T&T Clark, 1996), 40. Compare Thomas F. Torrance, *Atonement: The Person and Work of Christ*, ed. Robert T. Walker (Downers Grove, Ill.: InterVarsity, 2009), 211, 222, 223.

[277] Torrance, *Incarnation*, 178.

[278] Thomas F. Torrance, *The Trinitarian Faith: The Evangelical Theology of the Ancient Catholic Church* (Edimburgo: T&T Clark, 1988) cap.4; Torrance, *Preaching Christ Today*, 18-21, 52-56; Torrance, *Incarnation*, 258 (citado anteriormente); compare Torrance, *The Christian Doctrine of God*, 4,5, 13, 240-44.

[279] Torrance, *Incarnation*, 113. Torrance, *The Christian Doctrine of God*, 114-46.

[280] Torrance, *Incarnation*, 177. Compare Torrance, *The Christian Doctrine of God*, 4-6, 109n80.Torrance usa o conceito, mas não o termo greco-latino, que eu reputo ser de Bruce L. McComark. Veja "Grace and Being: The Role of God's Gracious Election in Karl Barth's Theological Ontology", em Bruce L. Mc Cormack, *Orthodox and Modern: Studies in the Theology of Karl Barth* (Grand Rapids: Baker Academic, 2008), 184-86.

vés da qual todas as coisas são feitas e sustentadas, de modo que sua união com uma porção da criação afeta todo o processo[281]. Porquanto a humanidade e o restante da ordem criada tenham se degradado sob aflição pelo mal, a intenção de Deus de torná-lo encarnado também é a eleição da humanidade em *pecado* e de seu cosmos em Cristo; trata-se de uma decisão graciosa da parte de Deus em identificar-se em amor misericordioso às criaturas apartadas, tomando sua causa e sua corrupção no ser divino a fim de redimi-las para um relacionamento filial participante da união de Deus, o Pai, com o Filho[282].

Essa eleição eterna do e no Filho é inserida no tempo como *prothesis[283]*, como predestinação; a reveladora antecipação, no tempo,

---

[281] Torrance, *Atonement*, 183; Torrance, "Singularity", 230-31, 244-45; Torrance, *Preaching Christ Today*, 14, 68-71.

[282] Thomas F. Torrance, *The Mediation of Christ*, rev. ed. (Colorado, Springs: Hermes & Howard, 1992), cap. 3 (47-72); Torrance, Preaching Christ Today, 58-59; Thomas F. Torrance, *Divine and Contingent Order* (Oxford: Oxford University Press, 1981), 134-42.

[283] No Novo Testamento o termo πρόθεσις é traduzido por proposição. O termo é usado para expressar o ato de colocar ofertas diante de Deus, tais como os pães da proposição, e colocar o pão e o vinho na eucaristia. É o ato de colocação dos elementos sobre a mesa. Nas igrejas orientais, a **prótese** é o lugar no santuário em que a Liturgia da Preparação ocorre na Ortodoxa Oriental e nas Igrejas Greco-Católicas. A Prótese está localizada atrás da Iconostasis e consiste em uma mesa pequena, também conhecida como a **Tabela de Oblação**, em que o pão e vinho são preparados para a Liturgia Divina. É mais frequentemente colocado no lado norte de Altar, ou numa câmara separada (si referido como o *Prótese*) no lado norte do centro de cabeceira. Originalmente, o Prótese foi localizado no mesmo ambiente como a Tabela Santo, sendo simplesmente uma menor mesa colocado contra a parede leste para norte da Tabela Santo. Durante o reinado do Imperador Justino II (565-574), que passou a ocupar a sua própria câmara separada para o norte do santuário, e juntou-se ao Altar por uma abertura em arco. Outra câmara absidada foi adicionado no lado sul para o diaconicon. Assim que a partir deste momento em diante, as grandes igrejas ortodoxas foram triapsidal (com três absides no lado oriental). Igrejas menores ainda ter apenas uma câmara que contém o Altar, o Prótese e o diaconicon. Nas igrejas siríacas, o ritual é diferente, como ambos Prótese e *diaconicon* são geralmente retangulares, e o ex constitui uma câmara para o depósito de ofertas pelo fiel. Consequentemente, às vezes é colocado no lado sul, se ao fazê-lo, é mais acessível aos leigos. Na Igreja Copta, os homens entrarão no *Prothesis* para receber a Sagrada Comunhão (as mulheres recebem em frente às Portas Santas), e devem tirar os sapatos antes de entrar. [N. do E.].

quanto ao propósito divino²⁸⁴. Sua primeira inserção é na eleição de Israel, depois "afunila" para a eleição de um único israelita, Jesus de Nazaré, como o vigário humano que atuará como representante e substituto de todos. Sua encarnação manifesta o princípio de que o decreto da providência se dá *dentro da eleição*. Ao longo de toda sua vida terrena, Cristo, o vigário humano, suporta com pureza a contradição externa dos pecadores, a contradição interna da natureza pecadora humana e o julgamento divino sobre o pecado. A cruz é a culminação desses atos vitais de suportar o pecado e a ira de Deus sobre ele e de reconciliar a humanidade pecadora com Deus²⁸⁵. A sua ressurreição sinaliza que a reconciliação e regeneração de toda a ordem criada tenha sido nele realizada²⁸⁶. Com isso, essa eleição do Pai é idêntica à de Cristo e a cruz: "A predisposição indica que não apenas adoraremos eternamente a Cristo, o amado, e seremos eleitos, mas que ele [também] é o *instrumento* pelo qual somos amados e eleitos. Ele é o caminho, a porta, e não há outro meio até o Pai, nenhuma outra saída de salvação a não ser ele"²⁸⁷.

Dessa forma, o Evangelho é que, em Cristo, todas as pessoas têm sido incondicionalmente eleitas para fazer uma comunhão com Deus. Pregar o Evangelho é confrontar os indivíduos com a verdade de suas eleições por intermédio do trabalho custoso de Cristo. Essa proclamação provoca uma crise em seus destinatários; alguns respondem com fé e arrependimento e passam a desfrutar os benefícios de suas eleições; outros, no entanto, rejeitam inexplicavelmente a verdade de que são eleitos e, contrariamente, optam por viver em negação, amaldiçoando-se a si mesmas propriamente para o "inferno" da condenação que Cristo já suportara completamente em nome deles. Como o decreto da condenação reside dentro da eleição, suas

---

[284] Torrance, *Incarnation*, 169, 171, 174, 178.d
[285] Idem, 41-56, 109; Torrance, *Mediation*, 10-12, 27-42.
[286] Torrance, *Atonement*, 235, 239, 286; Torrance, *Mediation*, 85.
[287] Torrance, *Incarnation*, 179; compare Torrance, *The Christian Doctrine of God*, 2.

recusas não lhes geram a não eleição, mas simplesmente lhes cortam os benefícios de suas eleições[288].

Em contraste com sua própria doutrina da predestinação, Torrance critica suas antigas formulações sobre a doutrina, que projetam retroativamente em Deus o tipo de conexões causais ou lógicas, ou inclusive o tipo de conexões temporais que temos na terra, para então transformá-las em alguma espécie de predeterminismo ou fatalismo, que é muito errado e tem um teor anticristão[289]. Em vez de operar pela mecânica da metafísica, a predestinação funciona por meio de atividades pessoais: No Novo Testamento, Jesus e seus discípulos fazem amizades com os pecadores, trazendo-os assim a uma comunhão pessoal com a realidade da eleição – realidade essa que exige uma decisão pessoal em face de suas alegações[290].

TORRANCE SOBRE O ESCOPO DA EXPIAÇÃO

O ensinamento de Torrance sobre o escopo da expiação concorda com sua crença na eleição incondicional universal. Se por intermédio da Palavra todas as coisas foram feitas, então por intermédio da Palavra encarnada todas as coisas serão reconciliadas – inclusive toda a humanidade, pois a Palavra retém e tem assumido a natureza comum de todos os seres humanos, não somente dos poucos que receberam a graça. Quando o Novo Testamento afirma que Cristo morreu por todas as pessoas, essa alegação deve ser "levada a sério"[291].

Nessa perspectiva, Torrance critica tão severamente a ideia de uma expiação limitada, que não tem escrúpulos para chamá-la de he-

---

[288] Torrance, *Incarnation*, 179, 180, 110, 114; Torrance, *Mediation*, 92-95; Torrance, *Preaching Christ Today*, 35-38.

[289] Torrance, *Incarnation*, 258; Compare Torrance, *Christian Doctrine*, 210.

[290] Torrance, *Incarnation*, 179, 180.

[291] Torrance, *Atonement*, 183; Torrance, "Singularity", 226, 244, 245, 249.

resia. Limitar a expiação é limitar o amor triúno que é o próprio ser de Deus; é separar o Pai do Filho, pois, se este último somente comporta a ira divina para uma parcela da humanidade, então resta um julgamento do Pai distinto de Cristo e da cruz – caso em que nem todo julgamento teria sido concedido do Pai para o Filho (o que contraria João 5:22). Isso também serve para promover o Nestorianismo, por separar os atos e a natureza divina de Cristo dos seus atos e natureza humana. O Nestorianismo se manifesta de duas formas: Primeiramente, uma soteriologia hipercalvinista, afirmando que Cristo sofreu apenas em sua natureza humana, de modo que sua deidificação permaneceu imutável e a suficiência humana de seu sacrifício não foi coextensiva com sua eficácia divina; em segundo lugar, o Filho humano não pagou por tudo que o Filho divino havia criado e mantido[292].

Embora Torrance rejeite absolutamente a expiação limitada, ele também desconsidera a visão de que a cruz mera e potencialmente salve todos, com essa realização em potencial deixada às decisões individuais. Pensar dessa forma "é embarcar no Arminianismo e ensinar que definitivamente cada pessoa em si é sua própria salvadora, conquanto que elas devam cooperar com Cristo por suas salvações. Mas se tudo que já foi feito na morte de Cristo é a criação da possibilidade de salvação, então quem pode estar seguro de sua salvação, uma vez que tudo depende da análise derradeira da fraqueza humana?"[293]. Contrariamente, a expiação é objetivamente suficiente e eficaz para todos os indivíduos. Todos os seres humanos são reunidos com Cristo em sua humanidade representativa e substituinte, e não conseguem

---

[292] Torrance, *Atonement*, 185-87; Torrance, "Singularity", 244-46; compare Torrance, *The Christian Doctrine of God*, 246-54 (em que o autor alega suporte patrístico por ver Deus tanto impassível como passível); Torrance, *Scottish Theology*, 19. O seu uso da etiqueta hiper-calvinista difere de seu uso técnico, segundo Donald Macleod, "Dr. T. F. Torrance and Scottish Theology: A Review Article," *Evangelical Quarterly* 72, no. 1 (2000): 57-58.

[293] Torrance, *Atonement*, 187.

escapar desse fato. No fim, aqueles que o rejeitarem estarão condenados, apesar da eficácia universal da expiação[294].

TORRANCE SOBRE A LÓGICA DA GRAÇA

A doutrina da expiação limitada é, segundo Torrance, baseada em uma "concepção filosófica ou metafísica da graça irresistível e da absoluta causalidade divina, de modo tal que não poderia ser mantido que a todos por quem Cristo morreu eficazmente devem necessariamente ser salvos"[295]. No entanto, a heresia oposta, a do universalismo, depende do mesmo raciocínio equivocado. Ambas as doutrinas praticam o mesmo erro de aplicar ao Deus transcendente o tipo de relações determinísticas "lógico-causais" obtidas no mundo físico[296]. Além disso, deixam de reconhecer a natureza irracional do mal. Tentar explicar a razão de algumas pessoas persistirem na descrença sobre a eternidade é tentar explicar "o mistério da iniquidade".

Apelando a Calvino, Torrance alega que a rejeição do Evangelho ocorre *"por acidente* ou *acidentalmente* – isto é, de forma irracional e inexplicável[297]. Uma pessoa nem mesmo pode recorrer ao livre-arbítrio

---

[294] Idem, 188-90; compare Torrance, *Scottish Theology*, 275; James J. Cassidy, "T. F. Torrance's Realistic Soteriological Objectivism and the Elimination of Dualisms: Union with Christ in Current Perspective". *Mid-America Journal of Theology* 19 (2008):165-94. Deve ser dito que as acusações de Cassidy de monismo e monofisitismo descontro em Torrance.

[295] Torrance, Atonement, 186.

[296] Torrance alega que as conexões determinísticas nem mesmo são uniformes dentro da realidade física, p. ex., na física quântica ("Singularidade", 227). Essa é uma alegação discutível: compare Carl Hoepfer, "Causal Determinism, 4.4, na *Enciclopédia de Filosofia de Stanford* (edição da primavera de 2010), ed. Edward N. Zalta, última modificação em 21 de janeiro de 2010, <http://plato.stanford.edu/archives/spr2010/entries/determinism-causal/>. Em resposta a Torrance, Macleod nega que a Confissão de Westminster ensina o determinismo ou a causalidade única, e ele também busca um paralelo no alegado indeterminismo da física quântica ("Dr T. F. Torrance and Scottish Theology", 59).

[297] Torrance, "Singularity", 246-48 (citação da última página); Torrance, *The Christian Doctrine of God*, 246. Compare Torrance, *Mediation*, xiii-xiv; Torrance, *Incarnation*, 114; Torrance, *Scottish Theology*, 275. O apelo de Torrance para Calvino obscurece a alegação

humano como modo de explicação, pois o livre-arbítrio degradado não passa simplesmente da obstinação – e, portanto, não pode decidir por Deus –, mas a obra reconciliadora de Cristo tem convertido nossa vontade à dele, de modo que se alinhe com a vontade de Deus[298].

Em vez de projetar causalidade determinística, força irresistível ou necessidade lógica em realidades espirituais, Torrance examina a união hipostática para seu modelo de interação entre os atos divinos e o das criaturas. Lá, ele descobre a atuação da "lógica essencial da graça de Deus, capturada na dupla cristológica *"anhipostasia-enhipostasia"*[299]. A natureza humana adotada pelo divino Filho é anti-hipostática, faltando a qualquer pessoa independente vontade ou atividade. Portanto, tudo isso é da graça, até a encarnação. Mas o ato da assunção em si faz essa natureza humana ser *enhipostática*, tendo genuínas vontade e atividade através de sua união com a figura do Filho[300]. Com isso, o "tudo de Deus" e "tudo da graça" não indica "nada dos humanos", mas sim "tudo dos humanos"[301].

Torrance aplica esse modelo ao relacionamento entre Deus e o mundo em geral e ao relacionamento entre Deus e os seres humanos em particular. A providência divina habilita a contingência cósmica – a liberdade limitada (mas real) da ordem criada, soberanamente conduzida por Deus para atingir propósitos divinos, mesmo quando essa liberdade gera o mal[302]. De

---

deste último que a rejeição ao Evangelho ocorre por acidente com a própria visão de Torrance que essa rejeição é irracional e inexplicável e não suprarracional e explicável em termos da vontade oculta de Deus. Compare Alasdair Heron, "Calvin in the Theology of Thomas F. Torrance: Calvin's Doctrine of Man (1949)", *Participatio* 2 (2010):44-63.

[298] Torrance, *Mediation*, 85; Torrance, *Preaching Christ Today*, 36, 37; compare Torrrance, *Incarnation*, 253.

[299] Torrance, *Karl Barth, Biblical and Evangelical Theologian*, 199.

[300] Idem.

[301] Torrance, "Singularity", 230 (citações dessa página); Torrance, *Trinitarian Faith*, 230; Torrance, *Mediation*, xii-xiii; Torrance, *Preaching Christ Today*, 13, 14. Compare Kye Won Lee, *Living in Union with Christ: The Practical Theology of Thomas F. Torrance*, Issues in Systematic Theology 11 (Nova York: Peter Lang, 2003), 146, 155 165, 188, 211, 212, 308, 309.

[302] Torrance, *Divine and Contingent Order*, especialmente 97-112; Torrance, *Trinitarian Faith*, cap. 3; Torrance, *The Christian Doctrine of God*, cap. 8. Compare Colyer, *How to Read T. F. Torrance*, 162-73.

forma similar, a graça de Deus habilita, mais que desabilita, uma autêntica ação humana[303]. Em nossa queda, numa condição despersonalizada, não nos é possível se arrepender apropriadamente e crer no Evangelho, e essa inadequação enfraquece nossa certeza da salvação. Cristo, no entanto, é a "figura personificada" que tem atuado em nosso nome, ao se arrepender e crer por nós. A sua fé de arrependimento é ecoada em nós, e nossa fé é aperfeiçoada em Cristo à medida que começamos a compartilhar sua ação vicária pelos atos do Espírito Santo[304]. A esse respeito, Elmer Colyer, um teólogo da corrente União Metodista, considera a "lógica da graça" de Torrence transcendental aos modelos de soma zero do monergismo e sinergismo[305]. Sendo isso possível, a abordagem da atividade de Torrance sobre a graça habilita a vontade humana de resistir à vontade graciosa de Deus na eternidade para salvá-lo.

Enquanto Torrance examina cuidadosamente o escolasticismo reformado – particularmente, as suas versões federalistas –, Armínio permanece em suas origens, como colaborador e crítico. Richard Muller demonstrou que Armínio se enquadra confortavelmente no meio do emergente escolasticismo protestante[306]. Por exemplo, foi Armínio o primeiro que articulou a noção de uma aliança intratrinitariana da redenção, que posteriormente se tornou uma característica da teolo-

---

[303] Torrance, *Trinitarian Faith*, 230; compare Torrance, *Incarnation*, 138, 139, 253.

[304] Torrance, *Mediation*, 67-72, 81-6, 92-98 (citação de 71, 95); Torrance, *The Christian Doctrine of God*, 153, 154; Torrance, *Atonement*, 189, 190, compare 328, 329. Torrance adverte sobre "uma forma sutil de Pelagianismo" na pregação evangélica que vê nossa salvação como definitivamente condicionada ao nosso arrependimento e a nossa fé, e não nas obras de Cristo para nós (Torrance, *Preaching Christ Today*,35-39).

[305] Colyer, *How to Read T. F. Torrance*, 120, 121.

[306] GCP. Muller reconhece sobreposições significativas entre as teologias de Armínio e a reformada de sua geração, bem como cruciais diferenças. Essa análise tem sido confirmada por Keith Stanglin, *Arminius on the Assurance of Salvation: The Context, Roots, and Shape of the Leiden Debate*, 1603-1609, Brill's Series in Church History 27 (Leiden/Boston:Brill, 2007), 13. Ver seus resumos nas pp. 111-13, 241-242.

gia federal reformada³⁰⁷. Sua notoriedade, no entanto, nasce de suas recriminações e revisões da tradição reformada em desenvolvimento. Voltamos, agora, nossa investigação para três desses elementos.

ARMÍNIO SOBRE A NATUREZA E O ESCOPO DA ELEIÇÃO E PREDESTINAÇÃO

Armínio estava profundamente insatisfeito com as abordagens reformadas contemporâneas sobre a predestinação dupla incondicional – especialmente com a versão posterior conhecida por supralapsariana, com que ele primeiramente tivera contato como aluno de Beza, em Genebra, e sobre a qual terminara sua existência discutindo com seus colegas na Universidade de Leiden³⁰⁸. Ele carregou essas abordagens ao impingir às mesmas o caráter de Deus, diminuindo o significado de Cristo para a predestinação e desequilibrando a certeza cristã da salvação³⁰⁹. Armínio buscava remediar esses defeitos perceptíveis com sua própria doutrina da predestinação.

---

[307] Hans Boersma, *Violence, Hospitality, and the Cross:Reappropriating the Atonement Tradition* (Grand Rapids: Baker Academic, 2004), 166, citando B. Loonstra, *Verkiezing-Verzoening-Verbond: Beschrijving em beordeling van de ler van het pactum salutis in de gereformeerde theologie* (Haia:Boekencentrum, 1990). Armínio introduziu esse conceito em sua primeira oração, *Oration on the Object of Theology*, ao assumir seu posto na Universidade de Leiden em 1603; em *Works*, 1:321, 343, 344.

[308] Stanglin argumenta que o principal ímpeto para a investida de Armínio no supralapsarianismo foi a pressão que sofreu do grupo de seus seguidores na Universidade de Leiden, e não dos estudos com Beza (*Arminius on the Assurance of Salvation*, 33, 34) quando jovem.

[309] P. ex. em *Dec.sent.*, em *Works*, 1:618-20, 623-25, 629-38, 647-53. Cada um dos três autores das dissertações/teses de doutorado, retrabalhadas ou recentemente publicadas, tem reivindicado um desses três temas (o caráter de Deus, o significado de Cristo e a certeza cristã) como a mola-mestra da teologia arminiana.William den Boer, "Jacob Arminius: Theologian of God's Twofold Love", trad. Albert Gootjes, em *Arminius, Arminianism, and Europe*, 25-50; William de Boer, *God's TwoFold Love: The Theology of Jacob Arminius* (1559-1609), trad. Albert Gootjes, Reformed Historical Theology 14 (Gottingen and Oakdale: Vandenhoeck&Ruprecht, 2010); F. Stuart Clarke, *The Ground of Election:Jacob Arminius' Doctrine of the Work and Person of Christ*, Studies in Christian Story and Thought (Milton Keynes e Waynesboro:Paternoster,2006); e Stanglin, *Arminius on the Assurance of Salvation*.

De acordo com ele, o fundamento da religião é encontrado no caráter de Deus, especificamente em Seu amor duplo. O primeiro e superordenado amor é o da justiça-retidão[310]; seu principal objetivo é Deus, cuja natureza é perfeitamente boa e justa; seu objetivo secundário é a justiça/retidão na ordem criada, e seu objetivo derivativo é um ódio divino de tudo que é ímpio ou injusto. O segundo e subordinado amor é para a humanidade, e seu derivativo é o desgosto com a miséria humana. A classificação arminiana dos dois amores é decisiva para a sua doutrina da predestinação. Ao colocar o amor da justiça/retidão primeiro, isso assegura que Deus elege e condena não arbitrariamente, mas com base na justiça/retidão do oposto no próprio destinatário de Sua ação. Além disso, o amor de Deus para com os seres humanos, mesmo que decaídos, e o acompanhante ódio de suas desgraças, explicam o motivo de Seu plano redentor, embora o amplo e acolhedor amor para com os justos e retos e o ódio dos ímpios impeça o plano de se degenerar em uma "graça barata" sem Gólgota [cruz], deixando a justiça divina insatisfeita. Finalmente, no nível pastoral, esse amor duplo desestimula tanto uma presunção espiritual, que desculpa o pecado através da confiança na eleição incondicional de um indivíduo (ignorando, com isso, o amor de Deus para os justos e retos), bem como um desespero incondicional que nasce do medo de uma condenação incondicional do indivíduo (esquecendo, assim, o amor de Deus para com Suas criaturas divinas, incluindo as pecadoras)[311].

Com base no amor duplo de Deus, Armínio esboça quatro decretos divinos da predestinação[312]. Deus tem predestinado: (1) a base e o execu-

---

[310] Embora complicado, o par "retidão/justiça" parece necessário de modo a fazer justiça à concepção arminiana, que inclui tanto a moralidade privada como a ordem pública (e inclusive cósmica).

[311] *Dec.sent.*, em *Works*, 1:623-25, 634-38; *Disp. pub.*, XIV.16; *Disp.priv.*, XX.4-6; XXI.3, corolários, *Works*, 2:221, 222, 347, 348, 350, 352. Veja também *Disp. pub.*, XV.16 (*Works*, 2:229) sobre as aplicações pastorais da doutrina da predestinação. Stanglin, *Arminius on the Assurance of Salvation*, 219-31, 243, 244; den Boer, "Jacob Arminius"; e den Boer, *God's Twofold Love*, contribuem para um entendimento mais profundo do amor duplo de Deus.

[312] Esses são claramente apresentados em *Dec.sent.*, em *Works*, 1:653, 654, do qual comenta Den Boer, Nesse tratamento da predestinação em *Declaration*... Armínio parece reunir

tor da salvação: Cristo, o mediador indicado, que administra e faz jus à redenção em nome da humanidade; (2) as condições de receber a salvação ou a condenação em Cristo independentemente dele: arrependimento e fé no primeiro caso, impenitência e descrença no segundo; (3) a provisão eficaz e suficiente dos meios necessários para se arrepender e crer: a proclamação aparente do Evangelho, a influência interna do Espírito Santo e os atos incomuns de Deus, por exemplo; e (4) os destinatários específicos da salvação (os eleitos) e da condenação (os condenados): de um lado, aqueles que Deus previu que acreditariam e perseverariam em resposta à sua graça e, do outro, aqueles que não o fariam[313].

Esse esquema de quatro itens exige um exame cuidadoso. Ele inverte a ordem supralapsariana, que se inicia com o decreto da eleição e da condenação para indivíduos específicos e depois fornece os meios para efetivar o decreto (incluindo, entre outros meios, a criação, a queda e a indicação de Cristo por merecer a retidão – e unicamente para os eleitos)[314]. Armínio defende que seu próprio ordenamento dá a Cristo seu devido lugar como base da predestinação, e não meramente como seu executor[315]. Não há nenhum decreto que fixe os destinos dos indivíduos antes da eleição de Cristo como mediador e libertador[316]. Os outros três decretos lidam respectivamente com a resposta divinamente ordenada, habilitada e recompensada dos pecadores à mediação de Cristo, quando convocados na pregação apostólica e dominical. Em

---

em um todo coerente todos os elementos que lhe são relevantes.Trata-se da "exibição disponível mais equilibrada da visão de Armínio sobre a predestinação". ("Jacob Arminius", 47). Compare *Disp.pub.*, XV; *disp.priv.*, XL-XLI; Arminius, *Letter to Hippolytus III*; *Works*, 2:226-28, 392-95, 698-700). Exceto onde observado, o restante deste parágrafo resume o esboçado em *Dec. sent.*

[313] Para o desenvolvimento do entendimento de Armínio da doutrina da predestinação, veja Clarke, The Ground of Election, 14-30. Sobre os específicos meios de salvação listados anteriormente, veja Disp.pub., XVI.3-5, 11; Disp. priv., XLI.8; XLII.2-4, 10; Works, 2:232, 234, 395-97.

[314] *Dec.sent.*, em *Works*, 1:614-17.

[315] *Dec.sent.*, em *Works*, 1:655; *Exam.Gom.*, Teses I E XXXII, em *Works*, 3:529, 651.

[316] *Exam. Perk.*, em *Works*, 3:278-80; *Exam.Gom.*, Teses XXX, em *Works*, 3:639-43.

resumo: a predestinação, insiste Armínio, tem tudo a ver com a revelação do Evangelho, e não com alguma vontade divina oculta; de fato, a predestinação propriamente entendida é "soma e matéria do Evangelho; e ainda, o próprio Evangelho"[317].

A base do decreto de quatro itens no amor duplo de Deus indica que, em todas suas fases, a predestinação é condicional. Os últimos três decretos claramente são condicionados pelo arrependimento e a fé, com o quarto decreto introduzindo o conceito de "conhecimento médio" em relação à presciência divina de escolhas contingentes futuras para as criaturas, pois Deus quer assegurar que essas condições sejam satisfeitas[318]. Essa presciência, no entanto, também governa o primeiro decreto: a presciência do Pai em relação ao obediente cumprimento do Filho de sua tarefa como mediador é a condição para que Cristo seja recompensado como o soberano redentor de acordo com o pacto feito entre o Pai e o Filho[319]. A condição da fé em Cristo para a salvação nasce, na realidade, desse pacto condicional[320].

onceitualmente, o quarteto de decretos inclui duas rodadas de movimento, desde a provisão universal de Deus para a salvação até a Sua aplicação participativa na salvação, conforme mostrado no diagrama que se segue:

---

[317] *Dec. sent.*, em *Works*, 1:654.

[318] *Disp.pub.*, IV.43-45; *Disp.priv.*, XVII.11-12; *Works*, 2:123, 124, 342. Compare *GCP*, 154, 164, 270-75.

[319] Exam. Perk., em Works, 3:279 com *Oration on the Object of Theology*, em Works, 1:335. A declaração de Carl Bangs de que "pode ser dito que Armínio acredite numa predestinação absoluta – de Cristo" (C.Bangs, 351) é verdadeira se o "absoluto" significa independente de qualquer decreto antecedente de predestinação", mas falsa se significa "incondicional".

[320] *Oration on the Object of Theology*, em *Works*, 1:343.

Provisão Salvadora Universal	Aplicação Participativa na Salvação
Decreto 1: Cristo ganha a salvação para a humanidade.	Decreto 2: A conversão levará à salvação; a recalcitrância, à condenação.
Decreto 3: São apontados meios em que a humanidade pode receber a salvação.	Decreto 4: Todos os convertidos serão salvos; todos os recalcitrantes, condenados.

Em contraste com o supralapsarianismo, que prioriza a participação, a prioridade do universalismo em detrimento da participação nesse movimento duplo implica o desejo genuíno de Deus de que toda a humanidade seja salva[321]. O primeiro decreto, então, prepara para a doutrina da expiação limitada, enquanto o terceiro suporta a doutrina da graça preveniente geral. Cada uma dessas doutrinas será considerada separadamente a seguir. A presença de decretos participativos, no entanto, sinaliza o comprometimento de Deus em tratar os seres humanos como agentes responsáveis, e não objetos inanimados. Deus inicia, mas também é Ele quem exige e habilita uma resposta adequada, punindo respostas que abusem da habilitação. A condenação, no entanto, é subordinada à vontade salvadora antecedente de Deus, conforme expresso no primeiro e terceiro decretos, e é uma ação reflexiva quando essa vontade é humanamente rejeitada; o desejo divino de condenar não é equivalente nem contemporâneo (falando de modo lógico, não cronológico) com o desejo divino de salvar[322].

---

[321] *Exam. Perk.*, em *Works*, 3:434-435.
[322] Compare *Exam. Gom.*, Teses XVII e XXIII, em *Works*, 3:574, 575, 590, 591.

ARMÍNIO SOBRE O ESCOPO DA EXPIAÇÃO

Conforme ora indicado, o ordenamento dos graus de predestinação impacta a visão individual do escopo da expiação. A concepção supralapsariana preconiza que, por vontade de Deus, Cristo morreu somente por aqueles que seu Pai já elegera incondicionalmente para a vida, abandonando os condenados a seus pecados[323]. Por exemplo, o teólogo puritano William Perkins distinguia entre a "potencial eficácia" e a "real eficácia" da expiação. Armínio criticava a "potencial eficácia" de Perkins chamando-a de paradoxal e preferindo a fórmula escolástica tradicional de que a morte de Cristo fora suficiente para todos – porém, eficaz somente para os crentes. Perkins, reclama Armínio, havia convertido essa suficiência em uma alegação hipotética: se Deus houvesse desejado que Cristo morreria por todos, *então* sua morte teria sido suficiente para redimir os pecados de todos, embora Deus não tivesse de fato esse desejo e, com isso, Cristo não haveria morrido por todos[324].

Armínio oferece ainda uma série de argumentos contra a expiação limitada. As Escrituras asseveram repetidamente que Cristo morreu por "todos" e "o mundo", e não meramente para os eleitos. O consenso da Igreja primitiva concorda com essa tese[325]. Na encarnação, o Filho assume tanto a natureza humana como a maldição do pecado comum a todos, e oferece completamente essa natureza compartilhada para o rompimento da maldição de todos[326]. Limitar a expiação é o mesmo

---

[323] *Dec. Sent.*, em *Works*, 1:616.

[324] *Exam. Perk.*, em *Works*, 3:324,325.

[325] Idem, em *Works*, 3:328, 329; *Apology* on Article 12, em *Works*, 2:9, 10.

[326] Aqui, Clarke interpreta como se Armínio estivesse ensinando que "Cristo assume para si a natureza humana *decaída* comum a todos" ("*The Ground of Election*, 34, ênfase adicionada), isto é, que o Filho, por virtude de sua encarnação, portava o pecado ontologicamente. Embora os comentários de Armínio podem ser construídos dessa maneira se alguém ler pelos olhos bartianos, é muito mais provável, dado o contexto escolástico reformado de Armínio, que ele concorda com Perkins de que o Fillho assumiu a natureza humana *como tal* e não *como decaída* e que suporta o pecado *legalmente*. Veja *Golden Chain*,caps. XII, XV-XVIII no *The Works of William Perkins*, ed. Ian Breward, The Courtenay Library

que limitar e, portanto, falsificar o atributo de Deus da *filantropia* – isto é, o amor que Ele tem pela humanidade em geral –, bem como deixar o atributo de Deus da justiça parcialmente não satisfeito (no caso dos não expiados serem condenados) e parcialmente satisfeito, porém de maneira injusta (pois os eleitos são expiados por uma necessidade incondicional – e, portanto, lógica, na concepção de Armínio – que nem mesmo precisa obedecer ao Evangelho)[327].

Todavia, Armínio nega o universalismo[328]. A morte de Cristo foi como um resgate que comprou a salvação para a humanidade ao satisfazer a justiça divina, eliminando, dessa forma, uma espécie de obstáculo para a misericórdia e reconciliando os pecadores com Deus[329]. A *aplicação* da expiação na efetiva justificação de indivíduos particulares depende da fé no Cristo que morrera por eles[330].

ARMÍNIO SOBRE A PROVIDÊNCIA, A GRAÇA E O LIVRE-ARBÍTRIO

Temos visto que, no esquema de quatro itens da predestinação de Armínio, o terceiro decreto expressa o desejo da salvação universal de Deus, ao

---

of Reformation Classics 3 (Appleford: Sutton Courtenay, 1970), 191, 192, 199, 200). Entre as várias acusações com que Armínio teve de lidar, nenhuma envolvia a defesa de uma natureza humana decaída em Cristo – posição associada nos anos seguintes na Holanda com o místico sectário Antoinette Bourignon (1616-1680), conforme documentado por Harry Johnson, *The Humanity of Saviour: A Biblical and Historical Study of the Human Nature of* Christ in relation to Original Sin, with special reference to its Soteriological Significance, The New Lincoln Library series (Londres: Epworth, 1962), 137-39.

[327] *Exam.Perk.*, em *Works*, 3:329-32. Para os últimos dois pontos de Armínio, algum objetor poderia responder que Deus satisfaz a justiça divina no caso da condenação ao condená-los, e que Ele não separa a redenção particular e a graça irresistível, mas quer soberanamente que todos para quem Cristo morreu devam obedecer ao Evangelho.

[328] *Apology* on Article 12, em *Works*, 2:9.

[329] Den Boer fala da mediação de Cristo como a resolução de um conflito entre a justiça e a misericórdia divinas (*God's Two Fold Love*, 115; a citação interna marca sua citação).

[330] *Exam.Perk.*, em *Works*, 3:328, 330-37; *Apology* on Article 12, em *Works*, 2:9, 10.

prover habilitação a todas as pessoas que quiserem se arrepender e crer no Evangelho, enquanto o quarto decreto indica que a presciência divina antevê que alguns serão salvos e outros não. O fator diferencial por trás desses dois decretos é uma robusta visão do livre-arbítrio humano. A presciência divina não é causadora das escolhas humanas previstas[331], e a graça divina, embora causativa (não meramente persuasiva) não é tão irresistível, deixando espaço para a recusa do homem do Evangelho[332]. Armínio, entretanto, não defende o livre-arbítrio, a não ser sob quaisquer impulsos originais; seu interesse é manter a soberania de Deus, ao mesmo tempo que defende Seu caráter contra qualquer vínculo lógico de que Ele autorize o pecado[333].

Esse duplo interesse aparece no título de seu debate *público* sobre a Providência, *On the Righteousness and Efficacy of the Providence of God concerning* Evil (Sobre a Justiça e a Eficácia da Providência de Deus a respeito do Mal)[334]. Neste tratado, o autor reitera que Deus *permite* (e não *provoca*) o pecado com base no dom do livre-arbítrio dado à humanidade. Ele também susta o pecado à medida que este vai se adaptando, permite estímulos ao pecado de modo a testar os corações humanos, prevalece sobre as intenções dos pecadores – ao trazer a bondade para aquilo em que há maldades – e os pune por seus malfeitos. Dessa maneira, como escreve Armínio posteriormente, o livre-arbítrio humano permanecerá

---

[331] *Disp. priv.*, XXVIIII.14; *Works*, 2:368.

[332] *Apology* on Article 27, em Works, 2:52. Em conexão com essa passagem, Stanglin destaca as distinções entre persuasão, causalidade irresistível (*Arminius on the Assurance of Salvation*, 80, 81n25). Den Boer observa com percepção aguçada que "Armínio jamais comparece para ir além de um duplo negativo: a graça não é irresistível. Além do mais, não é a graça em si que não é irresistível, mas sim o meio na qual ela opera." (*God's Twofold Love*, 110; original em itálico.).

[333] Den Boer, "Jacob Arminius", 33, 50; den Boer, *God's Twofold Love*, 187, 194; compare Stanglin, *Arminius on the Assurance of Salvation*, 87, 88.

[334] Armínio deu duas versões desse debate, numeradas por *Disp. pub.* IX e X em *Works*, 2:162-89. Esse status autorizador da disputa para ele é visto por suas referências subsequentes em sua *Apology* on Article 23, *Hippolytus* II, em *Works*, 2:35,36, 692, e *Dec.sent.*, em *Works*, 1;658. Stanglin oferece um relato detalhado de como os debates públicos em Leiden eram conduzidos (*Arminius on the Assurance of Salvation*,39).

sob a ingerência divina. Deus é ativo no começo do pecado (por permissões divinas), em sua continuação (por fixar seus limites e reorientá-los para o bem) e em sua conclusão (por puni-los ou perdoá-los)[335].

A providência de Deus sobre a bondade não é menos extensiva do que sobre a maldade humana. Armínio alega que, mesmo no Éden, a humanidade era capaz de reconhecer – pelo livre-arbítrio – e fazer o bem genuíno somente pelo dom da graça divina; a humanidade degradada perdera por completo essas aptidões e unicamente as recupera pela restauração da graça. O envolvimento de Deus com a bondade se equipara e até supera Seu envolvimento com a maldade humana: Deus é ativo em todo o começo do bem (pela graça preveniente, que libera o ato humano para o bem), em sua continuação (pela graça cooperativa, que opera junto com o agente humano para realizar o bem) e em sua conclusão (pela efetiva realização do bem). Essa sequência com três etapas descreve a progressão de cada boa ação individual na existência de um indivíduo, assim como a *ordo salutis* – a obra salvadora de Deus na vida de uma pessoa como um todo[336].

Dessa maneira, ao intimar os pecadores a se converterem, Deus convoca externamente, enviando pregadores da Palavra, e internamente, pelo abrandamento de seus corações. A graça produz em seu interior o arrependimento e a fé condicionais para a salvação – a menos que resistam a ela, que é o resultado acidental (*per accidens*) do chamado divino e leva a um aumento da condenação[337]. Conforme observado por Den Boer, Armínio não assevera que os seres humanos tenham a livre escolha para crer, e sim unicamente uma livre escolha de não crer[338].

Armínio defende sua convicção na não irresistibilidade da graça das Escrituras e a partir da natureza da graça, que não passa forçada-

---

[335] *Hippolytus* II, *Works*, 2:696-98.
[336] *Dec. sent*. Em *Works*, 1:657-64; *Apology* on Articles 17, 27, 28; *Disp. pub.*, XI, *Hyppolitus* IV, em *Works*, 2;19, 20, 51-54,189-96, 700, 701.
[337] *Disp. pub.*, XVI-XVII; *Disp. priv.*, XLII-XLIV; *Works*, 2:230-42, 395-401; *Exam. Gom.*, Tese XXXI, em *Works*, 3:646.
[338] Den Boer, *God's Twofold Love*, 187, 188.

mente por cima do livre-arbítrio, mas sim o redireciona e restaura de seu estado depravado, de modo que o indivíduo possa desejar o bem[339]. Ele repudia o Pelagianismo e diz: "Um professor obtém de mim a mais alta nota de aprovação ao atribuir o máximo possível à graça divina, contanto que pleiteie a causa da graça e não inflija nenhum dano à justiça de Deus, tampouco não se apposse *do livre-arbítrio para isso, o que seria péssimo*[340]. O que Armínio claramente visa por intermédio da doutrina do livre-arbítrio não é louvável para a bondade e salvação do indivíduo, mas sim reprovável por sua perversidade e condenação.

TORRANCE E ARMÍNIO: UMA AVALIAÇÃO DA CONVERGÊNCIA [DE IDEIAS]

Tendo pesquisado as perspectivas de cada um de nossos teólogos, podemos agora avaliar o grau de convergência entre eles. Quanto a predestinação, Torrance e Armínio concordam na oposição a qualquer sistema que rebaixe Cristo de seu papel como a base e o executor da predestinação da humanidade. Ambos rejeitam a visão de uma condenação incondicional e simétrica com a (e não subordinada à) vontade salvífica universal de Deus. Ambos também insistem que a predestinação, propriamente entendida, é equivalente ao Evangelho, não a uma vontade divina desconhecida que atua por trás de Cristo e é diferente da revelação evangélica. Os teólogos expressam um interesse pastoral pela segurança de Cristo e conseguem aconselhar contra o desespero ao recontarem o amor salvador de Deus por todos.

Num primeiro exame, a incondicionalidade do sistema de Torrance parece menos equipada que a condicionalidade de Armínio em abordar efetivamente o oposto do desespero – a presunção. Esse não é o caso,

---

[339] Dec. sent., em *Works*, 1:628, 629. Stanglin destaca que os colegas universitários de Armínio concordavam que a graça não é uma força; discordavam dele, no entanto, ao afirmar sua irresistibilidade. Armínio acreditava que o atributo da irresistibilidade exigiria que ela fosse uma força (*Arminius on the Assurance of Salvation*, 77, 81 n.27).

[340] *Hippolytus* IV, em *Works*, 2:700, 701.

no entanto. Embora os acentos teológicos dos dois homens difiram, o resultado é o mesmo: Armínio alega enfaticamente o amor primário de Deus da retidão e justiça e, consequentemente, a possibilidade de um julgamento divino, para motivar os presunçosos a buscar Deus; Torrance, por seu lado, reconhece a possibilidade de uma autocondenação, mas foca num amor substituto de Deus para os pecadores (mesmo os presunçosos), de modo a motivá-los a buscar Cristo com fé em vez de olharem para si mesmos[341]. Ambos consequentemente concordam que a presunção pode resultar numa exclusão eterna da comunicação com Deus, e que a cura é a reorientação no sentido do Pai.

Quanto à expiação, os dois concordam em negar qualquer restrição ao seu alcance, com apelo às Escrituras e para a comunhão da natureza humana considerada de forma plena na encarnação e oferecida na cruz. Torrance se queixa de uma autossalvação implícita, dentro da redução arminiana da expiação a uma potencial efetivação de efeito retardado, por meio de uma decisão individual.

No tocante à convicção cristã, no entanto, a diferença teológica entre a incondicionalidade de Torrance e a condicionalidade de Armínio nesse ponto pode obscurecer suas similaridades. Armínio considera a expiação de Cristo não como uma matéria de pura potencialidade, mas sim o alcance efetivo da reconciliação com Deus. Essa compleição e a consequente graça habilitadora da salvação no mundo não são condicionadas às decisões individuais em resposta às mesmas. Da parte de Torrance, no entanto, por mais que possa qualificar o ato de uma pessoa evitar o inferno, este é, paradoxalmente, condicional à sua decisão de crer na incondicionalidade da expiação. Nenhum dos teólogos, no entanto, está disposto a falar de tais decisões, como se, de certa forma, elas ocorressem distintamente da intervenção da graça.

---

[341] Torrance, *Mediation*, 94; McGrath registra exemplos da própria prática de Torrance em confrontar a hipótese teológica de seus alunos no Auburn Theological Seminary, EUA, durante o período letivo de 1938-39 (T. F.Torrance, 54-55).

Com relação à graça, Torrance e Armínio reconhecem uma liberdade das criaturas divinamente habilitada dentro da providência de Deus. Ambos confessam que o livre arbítrio da humanidade caída é a vontade própria e incapaz de escolher a Deus, de modo que a graça é necessária para neutralizar a depravação e produzir fé arrependida, mas essa graça não opera como uma força determinística. Portanto, Armínio poderia dizer um "amém" com a alegação de Torrance de que "toda a graça" não indica "nenhum homem", mas sim "todos os homens". Poderíamos, então, falar de ambos os teólogos como defensores de um sinergismo monergístico em que Deus faz tudo o que pertence à salvação, mas assim o faz com, e não sem, a atividade humana. Finalmente, os dois teólogos lamentam a realidade da resistência à graça resultante *por acidentes* de atividades, e ambos rejeitam o universalismo.

Qual é, então, o significado dessa convergência entre os dois pensadores? Não devemos exagerar as implicações, retratando Torrance como um criptoarminiano, ou Armínio como um protobartiano[342]. É preciso fazer menção à incondicionalidade da eleição e da salvação de Torrance em contraposição à condicionalidade dessas duas doutrinas de Armínio, mas acredito que essa distinção é sintomática de mais diferenças básicas entre as duas teologias. Torrance detesta dualismos[343] e pensa em unidades, como a indivisibilidade do ser e do ato divinos, a predestinação única,

---

[342] Den Boer. "Jacob Arminius", 38, 39n36 e Clarke, The Ground of Election, 110,158, aparentemente caem nessa armadilha ao tentar encontrar indícios em Armínio da visão de Barth em que Cristo é o Deus eleito. Veja também a interpretação de Clark de Armínio sobre a visão de Barth da figura decaída de Cristo, conforme anteriormente observado. O paralelismo de minha declaração anterior implica que Torrance era um bartiano – alegação essa que a exemplo da identificação de Armínio como reformado é controversa. Veja George Hunsinger, "Why T. F. Torrance was a Barthian", *Faith and Theology* (blog), 20 de dezembro de 2008, <http://faith-theology.blogspot.com/2008/12/george-hunsinger-why-t-f-torrancewas.html>. Veja também o banner do blog dos alunos de doutorado do Princeton Theological Seminary que levou à resposta de Hunsinger. Utilizo o termo bartiano para me referir a um seguidor teológico dele, e não a um seu pretenso clone.

[343] "Não é um exagero dizer que o conceito arquitetônico que sustenta todo o pensamento de Torrance é o unificador e eliminante dualismo conceitual" (Cassidy, "T. F. Torrance's Realistic Soteriological Objectivism", 193n102).

a objetividade radical da salvação e o monopactualismo[344], enquanto Armínio, com sua formação lógica, pensa de modo disjuntivo: o duplo amor de Deus, os quatro decretos de predestinação, a provisão objetiva *versus* a apropriação subjetiva da salvação, e vários pactos.

Além disso, Armínio prioriza princípios (justiça, liberdade, causação), enquanto Torrance valoriza a personalidade e rejeita desdenhosamente as teologizações lógico-causais. Por exemplo, Armínio descreve o amor primário de Deus como um amor de *retidão/justiça*, princípio esse atribuído a pessoas; estritamente falando, o objeto do amor não são as pessoas em si, e sim suas qualidades de retidão/justiça. Em contrapartida, Torrance vê o amor primário de Deus como um amor *do Filho*[345]. Similarmente, a negação de Armínio da graça irresistível nasce não de um interesse pela dinâmica dos inter-relacionamentos pessoais, e sim por sustentar a justiça divina e, como um meio para esse fim, a liberdade humana[346]. Talvez uma medida da síntese entre os sistemas teológicos de Torrance e Armínio seja possível – afinal, coabitam tanto a unidade como a distinção na realidade derradeira da Trindade, e o personalismo de Torrance poderia fundamentar o principalismo de Armínio –, mas isso seria o tema de um projeto construtivo, e não da presente pesquisa dos pontos de convergência entre os dois teólogos[347]. No final, apesar de

---

[344] Torrance critica a teologia federalista por ela distinguir entre um pacto da redenção dentro da Trindade, um pacto de obras e um pacto da graça (*School of Faith*, lxiii-lxiv).

[345] Isso não significa que Torrance ignore a retidão de Deus. Ver *Atonement*, 99-108.

[346] Pace Bangs, que alega considerar a rejeição de Armínio à graça irresistível, "Este é o ponto: a graça não é uma força; ela é uma Pessoa, o Espírito Santo, e em relacionamentos interpessoais não poderá ser a subjugação total de uma pessoa por outra" (C.Bangs, 343); e Olson, que repete a alegação de Bangs e continua, "Armínio estava interessado não apenas que Deus não fosse o autor do pecado, mas também que o relacionamento divino-humano não fosse meramente mecânico, e sim genuinamente pessoal." Veja Roger E. Olson, *Arminian Theology: Myths and Realities* (Downers Grove, Ill.: IVP Academic, 2006), 164. Essas declarações investem anacronisticamente em Armínio um interesse pós-Iluminismo e um refino para o seu conceito de personalismo.

[347] Eu não discuti a negação de Armínio para o Cristo com o desqualificado título de *autotheos versus* a aceitação de Torrance desse termo, mas a diferença entre os dois nesse ponto é um outro exemplo do compromisso de Armínio com a condicionalidade,

concordarem em alguns pontos, ironicamente, Torrance provavelmente teria considerado Armínio como um herege, não por violar os padrões da teologia reformada (pós-Dort), mas sim por exagerar na aplicação de categorias de condicionalidade e causalidade à ação divina.

O uso desmedido de palavras ligadas à heresia contra as posições de outros teólogos (inclusive os do campo reformado) exige a menção de outro ponto em que o significado de sua convergência com Armínio não se mantém. Suas áreas de concordância contra a tradição reformada não constituem uma ortodoxia dogmática infalível pela qual todos os dissidentes devem ser julgados como apartados. Aqui, Torrance teria se saído melhor se houvesse aprendido com a história da Igreja a respeito da frequência com que as acusações de heresia têm gerado agressões, caracterizações erradas, conluios políticos, além de violência desenfreada – principalmente nos casos de Armínio e as subsequentes disputas entre os contrarremonstrantes e os remonstrantes holandeses[348]. Quando as particularidades históricas e teológicas são apropriadamente respeitadas, fica claro que Armínio estava tão distante do Pelagianismo ou do Semipelagianismo como estavam os calvinistas estritos do Marcionismo ou Nestorianismo; tampouco nenhuma dessas denominações era implicitamente Ariana[349]. Uma perspectiva preferível é considerar a convergência das ideias de Torrance e Armínio[350] como uma ocorrência

---

causalidade e a distinção (a deidificação do Filho é condicionada e causada pelo Pai e, portanto, distinta de Sua deidificação no modo de origem), contrastando com a valorização de Torrance da incondicionalidade, unidade e não causalidade (a deidificação do Filho não é condicionada pelo Pai e, portanto, é a mesma que a do Pai ao não ser causada).

[348] Para uma descrição dessas batalhas, veja a contribuição de Jeremy Bangs para este livro, "*Beyond Luther, beyond Calvin, beyond Arminius*".

[349] Uma tendência de longo tempo é tratar Armínio como se ele fosse um porta-voz contratado do Arianismo. Para a autodefesa dele contra a suspeita de ser um arianista devido a, patristicamente, não ter escrúpulos ao aplicar o *autotheos* em Cristo, ver *Hippolytus* I, em *Works*, 2:690-96. Precisamente por atender a suas particularidades, Olson rejeita as acusações comuns que associam Armínio e os arminianos ao Arianismo e Pelagianismo. (*Arminian Theology*, 79-81).

[350] Veja Diálogo Internacional Metodista-Reformado, *Together in God's Grace* (Cambridge: World Alliance on Reformed Churches, 1987), <http://ecumenism.net/archive/docu/1987

dentro da matriz das convicções ortodoxas já compartilhadas pelos reformados tradicionais, pelos neorreformados e por Armínio (além de vários de seus seguidores).

Temos indicado aquilo que o significado da convergência das ideias dos dois teólogos não é; então, o que é? Primeiro, e não menos importante, a convergência levanta a questão se Armínio pode ou não ser considerado reformado num sentido mais estrito do que o concedido no início de nossa pesquisa. Em seu importante estudo, Richard Muller rejeita as credenciais de Armínio como criador de uma teologia reformada, pois as doutrinas do holandês sobre o relacionamento entre Deus e o mundo e sobre a divina vontade salvadora universal estão em descontinuidade com o desenvolvimento da teologia reformada, desde a época dos reformadores em si até o período em que viveu Armínio[351]. Torrance, no entanto, que é geralmente reconhecido como um teólogo reformado, converge com as ideias de Armínio de forma até surpreendente, e justamente nesses pontos.

Não tenho a pretensão de ditar para o mundo reformado quais seriam suas fronteiras, pois isso é um tema a ser resolvido internamente. Eu somente levanto questões: Até que ponto a palavra "reformada", do termo *"teologia neorreformada"*, indica uma expressão genuína da tradição reformada? Quais são os limites da abertura dessa tradição para a revisão, conforme capturado no clássico slogan reformado *semper reformanda* – ou seja, "sempre reformando"? Se há

---

meth_warc_together_gods_grace.pdf>.

[351] *GCP*, 13, 19, 33, 34, 40, 41, 275, 280, 281. Nas pp. 154, 270-75, Muller alega que a doutrina de Armínio do conhecimento médio o coloca fora do âmbito da ortodoxia reformada. Ele, no entanto, também reconhece que teólogos reformados ortodoxos, incluindo Gomaro, colega e adversário de Armínio, aceitaram o conceito (154, 164). Claramente, então, a verdadeira questão para Muller é o uso específico que Armínio fez do conceito de modo a suportar "sua revisão da doutrina da predestinação [fora da predestinação dupla incondicional] e de... seu sinergismo soteriológico" (154). É a afirmação de Armínio de uma vontade divina salvadora universal e da graça resistível, não o conhecimento médio em si, que Muller vê como os elementos que acabam colocando Armínio fora da esfera da verdadeira ortodoxia reformada.

lugar na mesa reformada para Torrance, pode haver um banquinho ao seu lado para um teólogo cuja teologia converge com a do escocês em pontos significativos? Ou a combinação de meios escolásticos e fins torrancescos de Armínio o torna para sempre um anátema para ambos os partidos reformados?

Segundo, e num momento ainda mais importante, a convergência entre as ideias de Torrance e Armínio tem significado prático para aqueles que derivam suas teologias da de seus dois mestres. Na frente ecumênica, podemos esperar que o esclarecimento de uma ampla investida de fundamentos comuns aumentará consideravelmente a cooperação entre os dois lados na causa do reino de Cristo. Em nossa apologética e catecismo, podemos ensinar juntos que a tragédia da perda final de qualquer indivíduo deve ser atribuída ao misterioso anticristo, irracional, da iniquidade, e não a um misterioso anticristo, suprarracional, da vontade divina. E no ministério da Palavra e da Mesa, poderemos proclamar a uma só voz a todos, irrestritamente: "Deus enviou o Filho pra vós; o corpo e o sangue de Cristo foram dados para vós; no poder do Espírito Santo, creiam na boa nova!".

CAPÍTULO 7

Armínio era um teísta aberto? A providência meticulosa na teologia de Jacó Armínio

John Mark Hicks

Desde a emergência do teísmo aberto na cena evangelical da década de 1990, tem havido inúmeras tentativas de sobrecarregar o Arminianismo com os interesses teológicos daquela corrente[352]. De um lado, os teólogos reformados consideram uma vantagem identificar o Arminianismo com o teísmo aberto, apesar de o argumento de ligação lógico – ou uma "escorregadia" inclinação – não apresentarem nenhum exemplo concreto. Os teístas abertos, por outro lado, buscam alguma legitimidade histórica graças à identificação com o Arminianismo, além de uma cobertura teológica. Como resultado, quer visando deslegitimar o teísmo aberto (o que é pretendido pelos teólogos reformados) ou legitimá-lo (o que é a intenção de alguns teístas abertos), a teologia reformada se vale de um mútuo benefício ao agrupar o Arminianismo com o teísmo aberto.

Pelo menos em um nível, ambas as extremidades do espectro concordam que há um grande abismo entre os calvinistas e os teístas

---

[352] Uma versão deste capítulo apareceu primeiramente como "Classic Arminianism and Open Theism: A Substancial Difference in Their Theologies of Providence",*Trinity Journal* 33 (2012):3-18. Utilizado com permissão.

abertos; os arminianos e os teístas abertos ficam juntos em um dos lados desse abismo. A maioria deles concorda que o livre-arbítrio libertário é uma parte significativa dessa enorme divisão[353]. Consequentemente, em um livro recente que propõe quatro perspectivas, intitulado *Perspectives on the Doctrine of God* [Pespectivas sobre a Doutrina de Deus], Paul Helm e Bruce Ware representam as posições "calvinistas" reformadas, enquanto Roger Olson e John Sanders representam as posições da doutrina do livre-arbítrio libertário. A introdução de Ware coloca Olson e Sanders em um "amplo campo arminiano"[354].

Sanders indubitavelmente aprecia a classificação de Ware. Um de seus interesses tem sido persuadir a comunidade evangelical de que o teísmo aberto está mais próximo de uma modificação mínima do que de uma revisão radical do Arminianismo.[355] Na realidade, ele parece enfatizar apenas duas principais diferenças, a saber, a extensão da presciência e da temporalidade divinas[356]. Entre as duas, alega Sanders, o ponto principal é a questão da presciência exaustiva[357]. Mas, até então, "não havia diferenças práticas" entre as duas[358]: nem o Arminianismo nem o teísmo aberto questionam a natureza da presciência como uma dependência divina sobre eventos contingentes – independentemente de seus entendimentos da temporalidade divina[359]. Efetivamente, teísmo aberto é, de acordo com

---

[353] Bruce A. Ware, *God's Lesser Glory: The Diminished God of Open Theism* (Wheaton, Ill.; Crossway Books, 2000), 220, 226.

[354] Bruce A. Ware, "Introduction", em *Perspectives on the Doctrine of God: 4 Views*, ed. Bruce A. Ware (Nashville: B&H Publishing, 2008), 2.

[355] John Sanders, "Open Theism": A Radical Revision or Minuscule Modification of Arminianism", *Wesleyan Theological Journal* 38 (2003): 69-102. Compare John Sanders, "Why Simple ForeknowledgeOffers No More Providential Control Than the Openess of God", *Faith and Philosophy* 14 (1997):26-40; e John Sanders, "Be Wary of Ware: A Reply to Bruce Ware", *JETS* 45 (2002): 221-31.

[356] Sanders, "Open Theism", 77-78.

[357] John Sanders, "Responses to Roger Olson", em Ware, *Perspectives*, 182.

[358] Sanders, "Open Theism", 92 (original em itálico).

[359] Steven Studebaker, "The Mode of Divine Knowledge in Reformation Arminianism and Open Theism", *JETS* 47 (2004): 469-80.

a visão de Sanders, "uma tentativa de corrigir alguns problemas lógicos presentes no Arminianismo estabelecido"[360]. Na realidade, Sanders refere-se a sua posição como um "Arminianismo aberto"[361].

Olson não discute a minimização de Sanders sobre as diferenças entre o Arminianismo e o teísmo aberto[362]. Embora discorde das conclusões de seu colega a respeito da presciência exaustiva, o ensaio de Olson não observa outras diferenças significativas[363]. Ele também não explora algumas das diferenças-chave entre as duas posições, inclusive quando utiliza a linguagem que o capacitaria a fazê-lo. Por exemplo, contrastando com o determinismo teológico ("dos teólogos deterministas") em que Deus exerce "um absoluto e meticuloso controle de todas as rotações e viradas de cada molécula", os arminianos acreditam que "Deus *concorre* com todas as decisões e ações feitas pelas criaturas", mas que "[...] Ele não causa ou controla tudo isso".[364] Esse único conceito – concorrência – detecta uma diferença-chave entre o Arminianismo clássico e o teísmo aberto – isto é, o conceito teológico de concorrência em relação à governança providencial divina.

Este capítulo foca em uma diferença específica entre a teologia arminiana e o teísmo aberto, discutindo que Armínio e os teístas abertos têm entendimentos muito diferentes das atividades providenciais de Deus. A "providência meticulosa" é uma expressão frequentemente

---

[360] Sanders, "Open Theism", 78.

[361] Idem, 90.

[362] Olson define o "Arminianismo clássico" como uma teologia evangélica protestante que afirma os cinco pontos da Remonstrância de 1611 (para a qual a tulipa do Calvinismo responde) e, portanto, inclui o teísmo aberto dentro dessa definição. Veja Roger Olson,"Diversity of Calvinism/Reformed Theology" *Patheos* (blog), <http://www.patheos.com/blogs/rogerolson/2010/08/diversity-of-calvinismreformed-theology/>, acesso em: 13 ago. 2010. Neste sentido, os teístas abertos talvez possam não diferir dos arminianos clássicos, mas esse não é o tópico desse documento, tampouco era do livro *4 Views*. Além disso, a Remonstrância em si é insuficiente como uma definição do Arminianismo.

[363] Roger Olson, "Responses to John Sanders", em Ware, *Perspectives*, 248-51.

[364] Roger Olson, "The Classical Free Will Theist Model of God", em Ware, *Perspectives*, 171 (adicionada a ênfase).

utilizada, porém de forma flexível, nas discussões relacionadas ao teísmo aberto. A teologia reformada é tipicamente descrita, correta ou erroneamente, como uma forma de determinismo teológico, e isso muitas vezes é equacionado com a providência meticulosa. Sanders, por exemplo, usa o determinismo teológico e a providência meticulosa como sinônimos práticos. Até Olson, arminiano com estilo próprio, define a teologia (monergista) reformada como afirmadora "da omnicausalidade, da providência meticulosa e da eleição incondicional, ou graça irresistível"[365]. Esse uso da providência meticulosa é muito delimitador e não concorda plenamente com a função do termo em outros contextos. Este capítulo então sugere que a providência meticulosa, apropriadamente definida, seja também uma descrição apropriada do entendimento arminiano da providência divina[366].

DEFININDO A PROVIDÊNCIA METICULOSA

O filósofo da religião Michael L. Peterson foi um dos primeiros a inserir a expressão "providência meticulosa" em discussões filosóficas contemporâneas. Ele o usou para esclarecer várias respostas ao problema probatório do mal, isto é, o problema da quantidade, qualidade e caráter injustificado do mal no mundo. –, e identificou o princípio da "providência meticulosa" de como "um Deus plenamente bom, onipresente e onisciente não permitiria um mal gratuito ou inexpressivo"[367]. O termo, assim, nasce primeiramente no contexto da filosofia da religião,

---

[365] Roger E. Olson, "Confessions of an Arminian Evangelical", em *Salvation in Christ: Comparative Christian Views*, ed. Roger R. Keller e Robert L. Millet (Provo, Utah:Religious Studies Center, Brigham Young University, 2005), 190.

[366] Veja Stanglin e McCall, 23, em que eles descrevem a visão de Armínio como "providência meticulosa".

[367] Michael L. Peterson, "The Inductive Problem of Evil", *Journal of the American Scientific Affiliation* 33 (1981): 85. Compare Michael L. Peterson, "Evil and Inconsistency: A Reply", *Sophia* 18:2 (1979):20-27.

no interesse da teodiceia. Peterson popularizou essa formulação em seu livro *Evil and the Christian God*[368] [*O Mal e o Deus Cristão*], de 1982.

A providência meticulosa é a negação do mal gratuito, ou inexpressivo. Mas o que é o mal injustificado? John Hick chamou-o de mal "disteleológico", de forma tal que alguns eventos são aleatórios e sem sentido[369]. Os filósofos religiosos estão constantemente engajados em refinar essa definição. Meu interesse, no entanto, não é iniciar nenhuma discussão; ao contrário, apenas observo que, para Peterson – que inaugurou o uso dessa expressão –, o significado de mal sem fundamento, definido dependentemente de William Rowe, é aquilo que não leva a um bem maior[370]. Em outras palavras, a providência meticulosa assume alguma forma de teodiceia do "bem maior"[371].

Uma discussão subsequente do princípio da providência meticulosa expandiu a ideia de Peterson. William Hasker, um dos "fundadores" contemporâneos do teísmo aberto, definiu a providência meticulosa com mais especificidade em 1984: "Deus exerce [...] uma providência meticulosa – isto é, providência na qual todos os eventos são cuidadosamente controlados e manipulados de tal forma que não são permitidas a ocorrência do mal, exceto se ele for necessário para a geração de um bem maior"[372]. Hasker identifica não somente o sentido do "bem maior" que é assumido pela providência meticulosa, mas também caracteriza a natureza dessa providência "como cuidadosamente controlada e

---

[368] Michael L. Peterson, *Evil and the Christian God* (Grand Rapids: Baker, 1982).

[369] John Hick, *Evil and the God of Love* (Nova York: Harper & Row, 1975), 51.

[370] William Rowe, Philosophy of Religion: An Introduction (Belmont, Calif: Dickenson, 1978) 89. Compare William Rowe "The Problem of Evil and Some Varieties of Atheism", *American Philosophical Quarterly* 16 (1979): 335: "An instance of intense suffering which an omnipotente, omniscient being could have prevented without thereby losing some greater good or permitting some evil equally bad or worse".

[371] Peterson, *Evil and the Christian God*, 75.

[372] William Hasker, "Must God Do His Best?", *International Journal for the Philosophy of Religion* 16 (1984): 216-17.

manipulada³⁷³. Por fim, ele inclui tanto a teologia reformada (a qual denomina determinismo teológico) como o Molinismo (que emprega o conhecimento médio em sua formulação teológica) em sua definição. Em um artigo de 1992, ele conclui que qualquer sistema em que cada exemplo do mal é intencionalmente orquestrado por Deus com o objetivo de algum bem preordenado, seja por decreto ou por alguma forma de presciência (incluindo o conhecimento médio), é uma forma de providência meticulosa³⁷⁴.

Mais recentemente, seguindo os passos de Hasker, Alan Rhoda, teísta aberto e filósofo da religião, apresentou uma definição ainda mais específica da providência meticulosa. Ele sugere a seguinte formulação: "Deus é uma causa *definitiva suficiente* de tudo que acontece ou (pelo menos) *ordena* todas as coisas que virão a ocorrer"³⁷⁵. Em sua definição, o termo "ordena" não necessariamente significa que Deus cause diretamente um evento ou inicie uma série de causas que determinem um evento. Ele pode de forma "atenuada" efetuar um evento, causando um conjunto de condições que sabe que resultarão em tal evento. Essa definição com mais nuances inclui, em sua visão, ao menos o Molinismo, embora possa excluir a presciência simples, dependendo de como esses elementos são construídos. O Molinismo, em suas raízes históricas e na contemporaneidade, a exemplo de Thomas Flint, tem afirmado a providência meticulosa. Flint, por exemplo, escreve: "Deus é soberano no sentido de que cada evento, quer grande ou pequeno, está sob seu controle e é incorporado em seu plano geral

---

³⁷³ É lamentável que Hasker use um termo pejorativo como *manipulada* para descrever essa perspectiva.

³⁷⁴ William Hasker, "Providence and Evil: Three Theories", *Religious Studies* 28 (1992):99-101.

³⁷⁵ Alan Rhoda, "Gratuitous Evil and Divine Providence", Religious Studies 46 (2010):283: "Ao 'ordenar' um evento, quero dizer que Deus ou forte ou debilmente efetiva isso. 'Efetivar fortemente' um evento, é ser uma causa derradeira suficiente para isso. 'Efetivar debilmente' um evento é efetivar fortemente as condições sabendo por certo que elas levarão ao evento, apesar de essas condições não serem causalmente suficientes para isso.

para o mundo"[376]. Na literatura atual, os molinistas são caracterizados por adotar a providência meticulosa, mesmo que alguns pensem que são inconsistentes nessa atuação[377].

Essencialmente, a providência meticulosa da atual teologia filosófica encerra no mínimo duas afirmações. A primeira é que não existe nenhum mal injustificado – ou seja, cada ocorrência do mal serve para um bem maior. A segunda é que Deus, de forma direta ou indiretamente, efetua cada evento no mundo. Mais amplamente, então, Deus governa o mundo de tal forma que nada ocorre sem a ação direta dele, ou sem sua permissão específica. Bruce A. Little, um arminiano que rejeita a providência meticulosa, resume esses pontos dessa maneira: "Deus supervisiona cada potencial evento do mal/sofrimento de modo que somente aquelas maldades que podem ser utilizadas para os bons propósitos divinos sejam efetivadas"[378]. Dada essa definição, os teístas abertos negam a providência meticulosa, enquanto os arminianos em si a afirmariam.

As definições e usos da providência meticulosa têm-se transformado gradualmente nos últimos 30 anos. Originalmente, e ainda na maior parte da literatura técnica da teologia filosófica, a expressão descrevia a rejeição das maldades injustificadas. Atualmente, ela guarda um significado mais popular – promovido particularmente por teístas abertos – de que cada evento individualizado é determinado por Deus em um sentido reformado tradicional. Em outras palavras, a providência meticulosa vem se tornando sinônimo da teologia reformada.

---

[376] Thomas Flint, Divine Providence: The Molinist Account (Ithaca, N.Y.: Cornell University Press, 1998), 13.

[377] Steven B. Cowan, "Molinism, Meticulous Providence, and Luck", *Philosophia Christy* 11, n. 1 (2009): 158: "O molinista normalmente aceita essa visão meticulosa da Providência divina. Ele acredita que Deus teve um plano como esse e que cada dia da história humana constitui o desdobramento desse plano, um plano sobre o qual Deus exerce pleno controle".

[378] Bruce A. Little, "God and Gratuitous Evil", nota distribuída ao público de uma palestra do encontro anual da Sociedade Teológica Evangélica, São Francisco, Califórnia, 16-18 de novembro de 2011), 1. Essa palestra fará parte de um futuro livro, (ainda) não identificado; Bruce A. Little, "God and Gratuitous Evil" pp. 38-49, IVP Books, 2013.

Consequentemente, não é incomum encontrarmos tanto teólogos reformados como arminianos que classifiquem Armínio entre aqueles que negam a providência meticulosa. Robert Peterson e Michael D. Williams, em seu livro *Porque Eu Não Sou um Arminiano*, afirmam que Armínio rejeitara a crença calvinista na providência meticulosa e absoluta predestinação, na qual o plano soberano de Deus supervisiona e ordena todas as coisas. "Essa negação implica que o poder e a vontade de Deus são impassivelmente limitados pelo princípio da autonomia humana", com o resultado de que o Deus de Armínio "consegue atingir seus objetivos somente se, e ocasionalmente, estiver progredindo na mesma direção que a nossa"[379].

Inclusive entre os arminianos, há uma crescente rejeição da providência meticulosa, pois ela está associada à teologia reformada. Roger Olson, por exemplo, utiliza regularmente a providência meticulosa para descrever a teologia reformada e nega que os arminianos acreditem nela, muito embora "um grande número de evangelicais não reformados tenda a recorrer a esse recurso como uma posição padrão em face das calamidades"[380]. Outros arminianos (ou, às vezes, pretensos calvinistas), contudo, afirmam "a providência meticulosa"[381].

Sugiro que um dos pontos de divergência significativos entre a teologia arminiana e o teísmo aberto é a providência meticulosa. Os arminianos que rejeitam esse conceito se encontram, no final, em uma posição similar a dos teístas abertos, enquanto os que o afirmam se encontrarão acolhidos pela teologia reformada, sob aspectos talvez inesperados.

---

[379] Robert Peterson e Michael D. Williams, Why I Am Not an Arminian (Downers Grove, Ill.: InterVarsity, 2004), 111.

[380] Roger Olson, *Westminster Handbook of Evangelical Theology* (Louisville: Westminster John Knox, 2004),245. Veja, por exemplo,Steve Lemke, "A Biblical and Theological Critique of Irresistible Grace",em *Whosoever Will; A Biblical-Theological Critique of Five Points Calvinism: Reflections on John 3:16*, ed. David Allen e Steve Lemke (Nashville: Broadman & Holman, 2010), 153, que se opõe à "providência meticulosa".

[381] Ken Keathley, Salvation and Sovereignty: A Molinist Approach (Nashville: Broadman & Holman, 2010), 21-27.

A NEGAÇÃO DA PROVIDÊNCIA METICULOSA PELO TEÍSMO ABERTO

John Sanders, a quem utilizarei para representar o teísmo aberto (muito embora ele não seja um movimento monolítico), assevera incansavelmente que "quando Deus decidiu criar seres com liberdade libertária, não escolheu controlá-los meticulosamente, e isso implicava risco assumido por Deus", o que, de acordo com Sanders, é afirmado por todos os arminianos[382]. Sanders, aliás, rejeita qualquer conceito de que Deus escreveu o roteiro do drama humano, ou fez um esboço de todos os atos da criação. Os teístas abertos rejeitam o determinismo teológico ou, como ele é geralmente chamado em discussões sobre esse assunto, a "providência meticulosa".

Sanders contrasta o "teísmo clássico" (que para ele é o determinismo teológico) e o "teísmo aberto" em diversas abordagens, mas eu focarei naquela pertinente à minha análise de Armínio. De acordo com Sanders, os teístas clássicos afirmam a "soberania específica" – que é entender que "somente o que Deus especificamente ordena para acontecer que efetivamente ocorre". Isso é parte de um "esboço meticuloso". Os teístas do livre-arbítrio, em contrapartida, afirmam a "soberania geral" – ou seja, que "Deus ordena a estrutura da criação (nossas fronteiras) e leva em conta a liberdade humana (liberdade libertária)". Com isso, não há exercício de providência meticulosa[383]. Isso aparece nos conceitos de Sanders como um "ou-ou", como se fossem as duas únicas escolhas[384]. O efeito líquido da soberania geral é o de Deus "macrogerenciar" a criação, embora ele possa "microgerenciar" poucas coisas[385]. Consequentemente, Deus não tem um "propósito específico para todo e cada evento que ocorre" e, assim, Sanders "nega que todo e cada evento

---

[382] Sanders, "Open Theism", 96-97.

[383] Idem, 71, 75.

[384] John Sanders, *The God Who Risks: A Theology of Providence* (Downers-Grove, Ill.: InterVarsity, 1998), 211-17.

[385] Idem, 213.

tenha uma intenção divina específica"[386]. Como resultado, a soberania geral leva em conta o mal sem sentido[387].

A soberania geral, em contraste com a específica, indica que Deus está no controle, no sentido de ser responsável pela criação dessa espécie de mundo e de encaminhar o projeto da maneira que ele deseja (ou seja, Deus "sozinho [...] é responsável por iniciar o projeto divino e por determinar as regras de como o jogo opera"), mas ele não é especificamente responsável por qualquer mal ou tragédias particulares"[388]. Deus "somente é responsável pelo que ele faz intencionalmente", e isso não inclui o que permite sob as condições da ordem criada e do projeto divino[389]. Deus é responsável pela realidade criada da maneira que ela está, mas não é responsável por atos específicos de maldade inseridos na criação.

A ordem criada e a doutrina do livre-arbítrio libertário constituem princípios-chave na governança do mundo por Deus. Portanto, de acordo com Sanders, Deus não consegue evitar que causemos danos aos outros sem violarmos as próprias condições na qual fomos criados para viver[390]. Esse autor visa preservar a liberdade humana e a bondade divina, excluindo Deus de qualquer responsabilidade direta ou específica por maldades específicas contidas na criação. Deus não pode ser responsável pelo mal, exceto em algum amplo sentido de permissão geral em virtude da ordem da criação. Deus não tem qualquer relação com qualquer ato maldoso. Ele não é responsável por atos particulares maldosos, pois não poderia tê-lo evitado sem violar sua própria intenção e ordem de criação.

Este ponto é o fundamental impulso pastoral e teológico do teísmo aberto. Sanders tem estabelecido isso de vários modos. As raízes de sua

---

[386] Idem, 214.
[387] Idem.
[388] Idem, 215.
[389] Idem, 261.
[390] John Sanders, "Openness and The Problem of Good and Evil", em *Does God Have a Future? A Debate on Divine Providence* (Grand Rapids: Baker, 2003), 41.

própria reflexão teológica são a morte acidental de seu irmão: "Deus foi responsável pela morte de meu irmão?", pergunta ele[391]. Deus poderia ter evitado isso? Ou pior, foi Deus que causou sua morte? Sanders rejeita a providência meticulosa porque acredita que Deus não tem nenhuma responsabilidade específica por atos maldosos no mundo. É possível ouvir a própria experiência de Sanders à medida que ele narra o alívio que outras pessoas sentiram sob a luz do teísmo aberto. De acordo com Sanders, esse é o grande serviço que o teísmo aberto tem prestado a muitas situações pastorais.

Os proponentes da abertura se concentraram no problema do mal, e várias pessoas acham libertador não ter que culpar Deus por nosso mal e sofrimento. Nós não temos de pensar que Deus tenha especificamente ordenado alguma coisa horrorosa para o nosso suposto bem-estar. Não temos de fingir ser gratos pelo mal que aflige nosso caminho. Contrariamente, somos liberados para combatê-lo, assumindo uma responsabilidade pessoal para colaborar com Deus (2Co 6.1). Os teístas abertos receberam milhares de cartas e ligações telefônicas de pessoas dizendo que estavam muito contentes por não mais terem de acreditar que Deus queria que seus bebês morressem, ou que suas filhas fossem raptadas[392]. Esse impulso aparece várias vezes nos textos de Sanders. Por exemplo, no livro *Four Views*, ele esclarece o fato da seguinte forma:

> Isso deve aliviar uma enorme carga de muitas pessoas que pensavam que tudo que ocorre para nós é parte do plano divino para um bem maior. Um número razoável de pessoas na igreja se irrita com Deus, embora seja considerado impróprio confessar isso. Brota, assim, uma ira, pois as pessoas foram ensinadas a crer que Deus ordenou o câncer

---

[391] John Sanders, "How I Came to the Open View", em *Does God Have a Future*, 11. Veja também Sanders, *God Who Risks*, 9-10.

[392] Sanders, "Open Theism", 98-99.

ou a morte de uma filha por algum desconhecimento ou dificuldade de entender o bem.[393]

Com isso, a teologia da providência de Sanders apresenta um impulso pastoral que resulta de sua própria experiência. Isso é bastante compreensível, pois todos nós fazemos as mesmas coisas à medida que buscamos extrair sentido de nossas próprias experiências com o mal e a tragédia. Sua interpretação teológica de sua experiência, no entanto, acentua três diferenças significativas entre a versão de Sanders sobre o teísmo aberto e a visão de Armínio sobre a providência. Na essência dessas diferenças, há a negação do teísmo aberto de que Deus *especificamente* permite cada ato maldoso, *concorrendo* com cada ato finito pela atuação conjunta com o ator e nos efeitos do ato, e que, soberanamente, encaminha esses atos para boas finalidades.

Primeiro, para Sanders, há "os eventos ocasionais e os acidentes" no contexto da criação[394]. Esses eventos ocorrem porque Deus não especificamente permite todos os eventos. Sanders, comprovadamente, cita a definição de Peter van Inwagen sobre um "evento ocasional" como qualquer "conjuntura sem propósito ou significado" e que "não serve para nenhum fim"[395]. A liberdade humana e as fronteiras da ordem criada indicam que Deus permite eventos acidentais, aleatórios: "Acidentes genuínos, ou eventos não intencionados, tanto bons como maus" efetivamente ocorrem, pois esse é o tipo de mundo estabelecido por Deus[396]. A permissão divina implica que Deus oferece "suporte ontológico consentido" a ações que ele não suporta

---

[393] John Sanders, "Divine Providence and the Openness of God", em Ware, *Perspectives*, 213-14. Utilizado por permissão. *Perspectives on the Doctrine of God: Four Views*, editado por Bruce Ware ©2008 B&H Publishing Group.

[394] Idem, 207,213. Veja Sanders, *God Who Risks*, 215-216, 261-63.

[395] Sanders, *God Who Risks*, 215-16, citando Peter van Inwagen, The Place of Chance in a World Sustained by God", em *Divine and Human Action: Essays in the Metaphysics of Theism*, ed. Thomas Morris (Ithaca, N.Y.: Cornell University Press, 1998), 220.

[396] Sanders, *God Who Risks*, 216.

moralmente, o que é equivalente a uma concorrência como manutenção ontológica[397]. Mas isso não quer dizer que Deus especificamente permite atos maldosos, ou quaisquer atos semelhantes, no sentido de uma concorrência teleológica para cada ato específico. Com isso, acidentes trágicos e horrores humanos são fundamentalmente eventos ocasionais, muito embora possam acontecer raras ocasiões em que Deus "cause" alguma "desgraça"[398].

Segundo, em consequência dos eventos ocasionais, há maldades gratuitas e sem sentido. Elas são gratuitas porque não têm um propósito divino específico: "O Holocausto é, por exemplo, um mal injustificado", ou "o rapto e esquartejamento de uma jovem" também o é. E, acrescenta Sanders, "o acidente que causou a morte de meu irmão foi uma tragédia". Esses eventos são sem sentido, pois "Deus não tem um propósito específico em mente para essas ocorrências"[399]. Tais tragédias ou maldades são sem sentido, pois não servem para atingir um bem maior"[400].

Há eventos, então, dentro da experiência humana, que não têm nenhum significado específico ou significância. Eles são simplesmente acidentes ou, no caso do mal, horrores monstruosos sem propósito. No entanto, "Deus opera para extrair boas coisas da maldade", mesmo "não podendo *garantir* que um bem maior seja gerado do mal e de cada ocorrência maldosa"[401]. O interesse de Sanders aqui é teódico, e ele reflete o crescente significado da versão comprobatória do problema do mal dentro dos contextos pastorais e filosóficos (ou seja, o caráter gratuito, qualitativo e quantitativo do mal no mundo) no qual o teísmo aberto está essencialmente interessado[402].

---

[397] Idem, 220, citando Vincent Brummer, "On Thanking God Whatsoever Happens, "*Journal of Theology for Southern Africa* 48 (1984):9.

[398] Sanders, *God Who Risks*, 216.

[399] Idem, 262.

[400] Idem.

[401] Idem, 263 (original em itálico).

[402] Compare Terence Penelhum, "Divine Goodness and the Problem of Evil". *Religious Studies* 2 (1967):107: "É logicamente inconsistente para um teísta [que acredita em um

Terceiro, Deus não tem uma soberania específica sobre todo o mal do mundo. Ele é autolimitado em termos da maldade humana. Deus "poderia", de acordo com Sanders, "proibir qualquer ato maldoso humano específico, mas, se fizesse disso um hábito, acabaria enfraquecendo o tipo de relacionamento pretendido. Ele não pode evitar todo o mal do mundo e ainda manter as condições de companheirismo pretendidas por seu propósito na criação"[403]. As mãos de Deus estão atadas em relação a ocorrências específicas do mal na criação. "A maioria dos teístas abertos" inclusive Sanders, acredita que "Deus efetivamente intervém de tempos em tempos".[404] Ele, no entanto, levanta questões consideráveis no tocante ao motivo de Deus intervir ou não[405]. Assim, os teístas abertos geralmente aconselham que há limitações para as ações de Deus no mundo.

Ao levantar a questão "por quê Deus [não viola a liberdade humana] com mais frequência, de modo a produzir um mundo melhor", Sanders aponta-nos para David Besenger, que sugere: "talvez [...] Deus já maximizou a extensão com a qual ele pode proveitosamente violar a liberdade humana"[406]. A consequência seria que Deus está fazendo o melhor que pode. "Nós acreditamos", escreve Sanders, "que Deus está fazendo todo o possível, exceto cancelar seus dons originais de liberdade para suas criaturas, para evitar o que o mal pode ser ou o mal que pode ocorrer; ele

---

Deus onipotente, onisciente e totalmente bom] admitir a existência de um mal sem sentido". Este é o problema teódico para o qual o teísmo aberto está respondendo.

[403] Sanders, "Divine Providence and the Openness of God", em Ware, *Perspectives*, 211. Veja Sanders, *God Who Risks*, 258-59.

[404] Sanders, "Divine Providence and the Openness of God", em Ware, *Perspectives*, 212: "Adicionalmente, em minha opinião, Deus é muito mais ativo do que podemos identificar; mas a maior parte de sua obra, como um iceberg, não é vista por nós. Ele pode estar fazendo muito em uma dada situação, mesmo se não conseguimos detectar ou se não for o tipo de ajuda que desejamos.

[405] Idem, 211-12.

[406] Idem, referindo-se a David Basinger, *Divine Power in Process Theism: A Philosophical Critique* (Albany, N.Y.: State University of New York Press, 1988), 63.

opera para extrair o bem dessas situações (Rm 8.28)"[407]. Porém, não há garantias de que Deus será bem-sucedido e, presumivelmente, a ocorrência de qualquer mal está além de Sua soberania devido às fronteiras da criação por ele instituídas – ou seja, as limitações autoimpostas por ele. A soberania de Deus "não pode garantir que um bem maior surja de toda e cada ocorrência do mal"[408].

ARMÍNIO SOBRE A PROVIDÊNCIA METICULOSA

Abordarei a teologia de Armínio sob três lentes que fazem parte de sua visão teológica do mundo. Cada uma dessas lentes oferece uma janela através da qual é possível ver sua afirmação sobre a providência meticulosa: 1) concorrência divina; 2) permissão divina soberana; e 3) governança divina. Em efeito, Armínio não somente é um teodicista do "bem maior", mas também acredita que Deus, de forma atenuada, atualiza todas as coisas de modo a ser soberano sobre o mal. Ele permite o mal, embora também o governe.

Olson descreve a ideia arminiana da "concorrência divina" como o aspecto mais sutil de sua doutrina da providência e da soberania[409]. Ela é mais completamente discutida na literatura secundária por Richard

---

[407] Sanders, "Divine Providence and the Oppenness of God", em Ware, *Perspectives*, 213. Parece, então, que Deus é severamente limitado, pois Ele não conseguiu evitar o horror do Holocausto, muito menos outros eventos trágicos na vida. Compare Paul Kjoss Helseth, "On Divine Ambivalence: Open Theism and the Problem of Particular Evils", *JETS* 44 (2001):493-511, particularmente 507n48: "Mas se esses tipos de maldades ou as consequências potenciais dessas maldades não são suficientemente egrégias para garantir uma intervenção unilateral, então o que poderia ocorrer no mundo? Será que devemos *realmente* acreditar que Deus interveio no passado somente quando maldades particulares estariam ultrapassando a perversidade de coisas ainda mais egrégias do que o rapto ou sequestro de crianças, ou os eventos que levaram à própria Revolução Cultural?"

[408] Sanders, Divine Providence and the Openness of God", em Ware, *Perspectives*,213.

[409] Roger E. Olson, *Arminian Theology: Myths and Realities* (Downers Grove, III.: IVP Academic,2006), 22.

A. Muller, em *Jacó Armínio: Deus, criação e providência*.[410] Ele discute que a teologia arminiana da providência é um Tomismo modificado em resposta ao desenvolvimento do escolasticismo reformado ortodoxo inicial"[411]. Especificamente, Armínio modifica a ortodoxia reformada inicial "com uma visão molinista distinta da concorrência divina"[412]. Essa modificação diferencia Armínio de seus contemporâneos reformados, mas também adota um entendimento de concorrência antagônico ao teísmo aberto. Essas exigências chamam a atenção pois as implicações são momentâneas.

A concorrência divina é um pressuposto comum na teologia tomista, assim como no emergente escolasticismo reformado da época de Armínio. Ela afirma que Deus é a primeira causa de todos os atos finitos, e é através dessa concorrência que ele mantém a realidade finita, desde que tanto a capacidade como a eficácia das ações das criaturas divinas direcionem especificamente essas ações no sentido do propósito divino. Em outras palavras, Deus é o fator causal primário em todos os atos finitos – Deus sustenta, efetua e dirige tudo.

Armínio modifica esse entendimento sobre a concorrência. Ele mantém as ideias de sustentação e direção, afirmando que Deus ontologicamente sustenta e direciona (governa) todos os atos; modifica, no entanto, a eficácia. Particularmente na permissão divina do pecado, "Ele suspende qualquer eficiência (*efficientia*) que lhe é possível". Escreve Armínio[413]:

> A última eficiência de Deus em relação aos inícios do pecado é a *Concorrência Divina*, que é necessariamente para gerar

---

[410] MULLER, Richard. *Jacó Armínio: Deus, criação e providência*. São Paulo: Editora Carisma, 2022.

[411] Idem, 268.

[412] Idem, 266. Sobre o Molinismo de Armínio, veja Eef Dekker, "Was Arminius a Molinist?" *Sixteenth Century Journal* 27(1996):337-52.

[413] *Exam. Perk.*, em *Works*, 3:390.

todos os atos; porque coisa alguma, independente do que for, pode ter uma identidade, exceto do primeiro e principal ser, que imediatamente gera essa entidade. A Concorrência de Deus não é Seu influxo imediato, em uma causa inferior ou secundária, mas sim uma ação dele que imediatamente [*influens*] flui no efeito da criatura, de modo que o mesmo efeito em uma ou na mesma ação integral pode ser gerada [*simul*] simultaneamente por Deus e a criatura.[414]

Enquanto o escolasticismo tradicional afirmava um "influxo" divino na causa secundária, de tal modo que Deus seria um ator causal em todos os atos, Armínio – seguindo Molina, pelo menos em relação ao pecado – aplica essa eficácia mais no efeito que na causa. Deus "simultaneamente atua no efeito e não na ou sobre a causa secundária". Ele efetiva os efeitos do pecado e não causa eficazmente o pecado em si. Para Armínio, conforme observado por Muller, Deus atua "*com* a causa e o fluxo secundários em sua própria ação e efeito". Isso impede que a causa secundária seja "determinadora de sua própria ação, e, portanto, livre", embora ao mesmo tempo reconheça a ação simultânea de Deus[415]. Este, segundo Armínio, "junta-se à sua própria concorrência para influenciar a criatura[416], e essa concorrência gera um ato"[417].

A diferença entre atuar *em* e atuar *com* um ato pecaminoso é a diferença entre o determinismo teológico e a doutrina do livre-arbítrio, pois ela pertence à eficácia. O determinismo teológico atribui a eficácia primária à causação divina, de forma que Deus provoca a ação pecami-

---

[414] *Disp.pub.*, X9; *Works*, 2:183.

[415] GCP, 255.

[416] *Exam. Perk.*, em *Works*, 3:418.

[417] Idem, 3:398. Compare William Lane Craig, "Response to Paul Kjess Helseth", em *Four Views of Divine Providence*, ed. Dennis W. Jowers (Grand Rapids: Zondervan, 2011), 57: "Na visão de Molina, Deus não apenas conserva o papel de agente secundário e seu efeito no ser; Ele também deseja especificamente que o efeito seja produzido, e concorre com o agente ao causar o efeito pretendido. Sem essa concorrência, o efeito não seria produzido."

nosa dentro da causa secundária. Armínio quer evitar tal posição, pois pensa que isso faz de Deus o autor do pecado. Consequentemente, ele defende que, na determinação do agente do pecado, há uma suspensão da eficácia divina unida a uma permissão habilitadora específica de Deus. Para Armínio, Deus ontologicamente sustenta a causa secundária como a causa determinativa, habilita a capacidade para a causação secundária e atua *com* a causa secundária, em vez de determinar o seu efeito. Ele rejeita a ideia de que Deus seja a causa (determinada) primária dos atos pecaminosos do agente secundário, pois quer preservar tanto a liberdade da vontade humana como a bondade de Deus, que não é o autor (causa) do pecado[418].

Ao mesmo tempo que Deus permite o mal, ele ativamente pratica o bem. Deus é a causa derradeira no desempenho do bem, de forma que toda a glória por essa bondade lhe pertence. Armínio, assim, afirma que "o poder de Deus serve universalmente, e em todos os tempos, para executar esses atos, com a exceção da permissão"[419]. Parece, então, que o influxo do poder é universal exceto na permissão específica de um mal moral, pois Deus efetivamente [efetua] todas as boas coisas"[420]. Ele concorre em manutenção, capacidade, eficácia e efeito para todos os atos bons da humanidade, mas, em relação ao mal, a eficácia divina é ausente como causa determinada porque Deus não causa o mal moral[421].

---

[418] Armínio, "Letter Addressed to Hippolytus a Collibus", III, *Works*, 2:697-98: "Eu essencialmente evito duas causas de ofensa – de que Deus não seja acusado de o autor do pecado, e que sua liberdade não seja tirada da vontade humana: esses são dois pontos que se alguém souber evitar, ele pensará no ato que eu, neste caso, não permitirei que seja atribuído à Providência divina, contanto que seja dada uma justa consideração à Preeminência divina.

[419] *Disp. priv.*, XXVIII.8; *Works*, 2:367.

[420] *Exam. Perk.*, em *Works*, 3:371. Igualmente, "pois Ele permite o pecado, mas [faz] o bem" (*Works*, 3:371).

[421] Este ponto é observado por J. Matthan Brown, "The Impacto of Luis de Molina on Jacob Arminius", *Truth Is a Man* (blog), <http://jmatthanbrown.wordpress.com/2009/11/19/the-impact-of-luis-de-molina-on-jacob-arminius/> acesso em: 19 nov. 2009. Contra *GCP*, 236.

No entanto, ao rejeitar o determinismo teológico, Armínio sugere uma alta visão da providência que, de longe, sobrepuja qualquer conceito imaginado pelo teísmo aberto. Por exemplo, em todo ato finito, Deus atua *com* a criação: esse "com" significa que não há dimensão da criação finita na qual Deus não esteja ativo e simultaneamente operando para o objetivo divino. Mesmo quando a ação é pecadora, Deus especificamente permite o pecado, concorre para seu efeito ao atuar ao lado do agente e o direciona no sentido do objetivo divino. Isso não significa que ele aprove o ato, no intuito de sancioná-lo, mas sim que o sustenta, dada a capacidade de atuar, e tem atuado nos efeitos do pecado no sentido de Seus próprios propósitos. Colocado de outra forma, Deus tem concorrido no ato pela permissão e, portanto, tem concorrido (e atuado) no efeito. Neste sentido, Deus efetua o ato, mas, no fundo, Ele é mais um "habilitador" (*sic*) antes de ser o executor[422]. Ele concorre e é, portanto, o efetuador do ato, mas a permissão prévia indica que Deus não é o causador do pecado. Armínio resume esse ponto da seguinte forma:

> Eu concebo amplamente que Deus é o causador de todas as ações executadas por Suas criaturas, mas meramente exijo isso: que essa eficiência de Deus deveria ser explicada como não passando de uma depreciação da liberdade da criatura, e que a culpa do pecado em si não fosse transferida para Deus, ou seja, que possa ser mostrado que Deus é o efetuador do ato, mas somente o "*habilitador*" *do pecado* em si; mais ainda, que Ele é ao mesmo tempo o executor e "permissor" do único e mesmo ato[423].

Deus, conforme explicado por William den Boer, "passa a ser o executor do ato pecaminoso ao reunir seu concurso para a influência

---

[422] *Disp.pub.*, X.9; *Works*, 2:183.
[423] *Exam. Perk.*, em Works, 3:415.

da criatura, mas, sem esse *concurso*, o ato jamais ocorreria"[424]. Com isso, Deus é tanto o executor como o "habilitador" do ato, embora atue inicialmente como seu "habilitador".

Isso não é determinismo teológico, e sim uma soberania sustentada e governada. Armínio esboça o contraste ao comentar numa declaração da *Confession of the Dutch Churches* (Confissão das Igrejas Holandesas):

> Nada é feito sem a ordenação, ou [indicação] de Deus: se a palavra "ordenação" significa que "Deus aponta coisas de qualquer espécie para ser feitas", esse modo de enunciação é errôneo, e segue, como consequência disso, que *Deus é o autor do pecado*. Mas, se isso significa que, "independentemente do que seja feito, Deus o ordena para um bom fim", os termos nos quais ele é concebido estão nesse caso corretos.[425]

Assim, todos os atos finitos do mundo servem ao propósito divino e são ordenados para a obtenção de um bem final. O pecado, no entanto, não é um bem em si e pode servir à finalidade de Deus independentemente se "a criatura pretende ou não a mesma finalidade"[426]. A permissão divina é "ordenada para [...] uma certa finalidade, e que ela seja a melhor (finalidade *ideal*)"[427]. Deus, inclusive, usa o pecado "para a finalidade que ele próprio deseja" e "não concede o pecado que lhe permite conduzir a qualquer finalidade pretendida pela criatura"[428]. Deus, de fato, coloca um limite em Sua permissão, e um sobre o pecado que possa não divagar e desgarrar-se *no infinito* sob opção da criatura". Deus prescreve o "tempo"

---

[424] William den Boer, God's Twofold Love: The Theology of Jacob Arminius (1559-1609), trad. Albert Gootjes, Reformed Historical Theology 14 (Oakvill: Vandenhoec & Ruprecht, 2010), 98.

[425] *Dec. sent.*, em *Works*, 1:704-5.

[426] *Disp.pub.*, IX.17; *Works*, 2:172.

[427] *Exam.Perk.*, em *Works*, 3:390.

[428] *Disp.pub.*, X.10; *Works*, 2:184.

e a "magnitude" do pecado⁴²⁹ e, com isso, de forma prudente, justa e poderosa, controla o pecado com sabedoria, justiça e poder onde quer que ele queira. ⁴³⁰ Ele ainda delimita e controla o pecado dentro da criação e justamente governa a criação de tal forma que "todas as coisas" são "administráveis [...] para as melhores finalidades, isto é, para o castigo, provação e manifestação do peidoso – para a punição, e exibição dos ímpios, bem como para a ilustração de sua própria glória", e emprega "essa forma de administração que possibilita às criaturas inteligentes não somente fazer suas próprias escolhas, mas também desempenhar e executar seus próprios movimentos e ações"⁴³¹.

A permissão divina, então, não passa de uma mera e geral permissão enraizada na ordem criada. Antes de tudo, ela está enraizada na vontade divina como seus limites e controle dos pecados, embora estes sejam ações livres de agentes humanos. Armínio enfatiza que "independentemente do que Deus permita, isso é feito de forma planejada e desejada"⁴³². A permissão divina, de acordo com Armínio, não é meramente geral, e sim bastante específica. Deus decide permitir atos específicos que poderiam ter sido evitados ou ocultados. "A permissão divina, consequentemente, não é ociosa", inativa ou passiva⁴³³. Por exemplo, Deus permitiu que Acabe matasse Nabote porque "era o desejo divino que Acabe completasse a medida de suas iniquidades, e com isso acelerasse sua própria destruição", ou "Deus permitiu que as ciências ocultas e Satanás impingissem muitas maldades a Jó, pois era a vontade de Deus testar a paciência de seu servo", ou ainda "permitiu que Judá conhecesse Tamar, sua nora [...] pois era sua vontade ter seu próprio filho como um descendente de Judá"⁴³⁴. A divina permissão é

---

⁴²⁹ Idem, X.18; *Works*, 2:173.
⁴³⁰ Idem, X.10; *Works*, 2:184.
⁴³¹ Idem, IX.23; *Works*, 2:177.
⁴³² Idem, IX.11; *Works*, 2:168; também *Disp. Pub.*, X.5; *Works*, 2:180.
⁴³³ *Exam. Perk.*, em *Works*, 3:393.
⁴³⁴ *Disp. pub.*, IX.14; *Works*, 2:170.

um ato específico da vontade divina sobre eventos específicos dentro da criação[435]. Isso ocorre porque Deus "coloca uma medida [*modum*] ou verificação sobre sua permissão e um limite no pecado, de forma que ele poderá, ou não, na opção e vontade da criatura, divagar *no infinito*"[436].

Deus permite o pecado em geral, bem como qualquer ato particular de pecado, por duas "razões gerais ou universais". De um lado, ele concede à humanidade uma "liberdade da vontade" que é "criada como a dona e a fonte livre de suas ações". Por outro lado, há a "declaração da glória divina", a partir da qual "o louvor da bondade, misericórdia, paciência, sabedoria, justiça e poder divinos pode luzir e ser revelado"[437]. Deus permite o uso da liberdade humana para a glória divina, mesmo quando essa liberdade é usada em termos malevolentes. Deus faz isso porque, como Armínio destaca ao citar Agostinho, "Ele julgou que essa era a esfera de Sua mais onipotente bondade, mais do que gerar o bem das maldades, do que não possibilitar a existência de maldades"[438]. Ao mesmo tempo, essa glória não é uma autoadulação egocêntrica. A glória *ad intra* de Deus é suficiente e não precisa de nenhuma adição. Deus atua na criação pelo bem de Sua glória *ad extra,* que inclui o desejo de se comungar livremente com a humanidade. Ele possibilita o pecado pelo bem da glória *ad extra*[439].

A teologia de Armínio sobre a providência não envolve meramente uma ampla e geral permissão do pecado, mas sim uma concorrência na

---

[435] Conforme observado por Gregory A. Boyd, essa é precisamente a posição do Molinismo: "O molinista deve aceitar que todas as maldades *particulares* eram *especificamente* permitidas por Deus por uma boa razão *específica.*" (original em itálico). Isso contrasta radicalmente com o teísmo aberto à medida que Boyd articula isso: "na visão aberta, DEUS tem uma razão moralmente justificada para dar aos agentes a capacidade livre de se engajarem em uma certa faixa de *possíveis* comportamentos, mas nenhuma razão específica para como os agentes utilizem suas liberdades". Veja Boyd, "Response to William Lane Craig", em Jowers, *Four Views on Divine Providence*, 139.

[436] *Disp. pub.*, X.11; *Works*, 2:184.

[437] *Exam. Perk.*, em *Works*, 3:408.

[438] Idem.

[439] Veja a discussão por Stanglin e McCall, 79-81, 130-131.

ontologia, na capacidade e no efeito da ação em si. A providência divina, assim como Armínio a define, "preserva, regula, governa e orienta todas as coisas, e nada acontece por acaso ou por acidente" (*sed dico omnia eam conservare, regere, gubernare at que dirigire; quodque nihil plane casu aut fortuito contingat*)[440]. Armínio não acredita que eventos da criação divina são independentes da vontade divina. Antes de tudo, Deus está intimamente engajado com a criação em cada um de seus atos e, nesse sentido, a Providência divina é uma expressão da vontade de Deus. A teologia arminiana da providência não leva em conta eventos "acidentais" ou "ocasionais". Deus concede permissão específica (não apenas a permissão geral condicionada pela ordem criada) para o mal ou a tragédia e, assim, o entendimento de Armínio da providência é meticuloso, embora não determinístico. Em outras palavras, todo ato maldoso é permitido, deliberada e especificamente, e toda permissão é dada com intenção divina. Escreve ele:

> Além disso, coloco em sujeição à Providência divina o livre-arbítrio e até as ações de uma criatura racional, de modo que nada pode ser feito sem a vontade de Deus, nem mesmo algumas dessas coisas feitas em oposição a isso; somente devemos observar uma distinção entre boas e as más ações, ao dizer que "Deus deseja e executa boas ações", mas que "Ele somente permite livremente as que são más". Aprofundando mais um pouco, eu próprio prontamente concebo que mesmo todas as ações referentes ao mal que podem ser possivelmente esboçadas ou inventadas podem ser atribuídas à Providência divina, empregando uma única

---

[440] Minha própria tradução de *Opera*, 121 (compare *Dec. sent.*, em *Works*, 1:657. É importante lembrar que o texto latino é uma tradução póstuma do original em holandês de Armínio. Gunter (139) fornece uma tradução inglesa do original holandês: "Declaro que a providência definida dessa forma preserva, regula, governa e dirige todas as coisas –, pois nada neste mundo acontece fortuitamente ou por mero acidente."

ressalva: "não concluir dessa concessão que Deus é a causa do pecado"[441].

A providência divina é soberana em relação ao livre-arbítrio e "nada pode ser feito sem a vontade de Deus". O mal está sujeito à soberania específica de Deus. Nada acontece sem a própria decisão divina – decisão essa de permitir o pecado e concorrer em seus efeitos. Deus limita, direciona e concorre no efeito do mal, mas assim o faz pelo bem da glória divina (da justiça e da bondade) e no sentido dos "melhores fins" para a humanidade[442].

É importante reconhecer que Armínio não considera os atos livres pecaminosos dos agentes humanos como espaços autônomos inseridos na criação. Antes, esses atos foram "amarrados" pela própria bondade de Deus[443]. Armínio defende que, como não há uma ordem do mal que "exceda" a ordem universal de que Deus é o bem supremo, cada ato é por fim reduzido de ordem pelo "sumo bem" e, dessa forma, "o mal pode ser direcionado ao bem graças à infinita sabedoria e onipotência divina. Embora o pecado tenha excedido a ordem de cada coisa criada, ele também é circunscrito na ordem do criador em si e da do Deus que é o bem supremo". O pecado, portanto, é "limitado" em razão da bondade de Deus. Este é soberano sobre o mal, e nenhum mal pode existir sem servir à própria finalidade divina, que não permite que o pecado sirva aos fins do pecador, mas sim o emprega para aquela finalidade que ele próprio deseja[444].

Armínio prevê um mundo em que cada ato individual precisa de uma permissão ou causação divina específicas, ou seja: Deus ordena todas as coisas, tanto as desagradáveis como as agradáveis. Trata-se

---

[441] *Dec. sent.*, em *Works*, 1:657-58.
[442] *Disp.pub.*, IX.23, *Works*, 2:177.
[443] *Disp.pub.*, IX.5; *Works*, 2:164.
[444] *Disp. pub.*, IX.17; *Works*, 2:172.

de um mundo onde Deus efetua todo bem e permite todo mal para boas finalidades.

Para Armínio, Deus é, em certo sentido, a causa primária de todos os atos. Nos bons atos Deus atua em conjunto *com* o ator, e nos eventos maus, Deus atua em conjunto *com* os atores secundários à medida que permite-os fazer maldades. O relacionamento de Deus com o bem e o mal é assimétrico. O interesse principal de Armínio é proteger a fidelidade de Deus ao seu próprio amor – atribuindo a origem do mal no mundo à liberdade humana de modo que Deus não seja o autor (isto é, a causa determinadora) do pecado –, assim como proteger a soberania de Deus sobre a ordem criada. De um lado, ele busca preservar a bondade de Deus para defendê-Lo contra a acusação de Ele ser o autor do mal. Por outro lado, ele acredita que Deus é especificamente responsável por atos malignos no mundo, uma vez que Deus permite especificamente cada um. Deus também é soberano sobre a criação pelo fato de que decide permitir cada ato específico de pecado, e está meticulosamente envolvido com o mundo, mesmo não estando deterministicamente envolvido.

Essa é a posição do Arminianismo clássico ou reformado conforme apareceu nas primeiras décadas do século XVII. Ele aparece na Confissão Arminiana de 1621, essencialmente legitimada por Episcópio. A Confissão determina, por exemplo, que embora o pecado "não siga da permissão de Deus como o efeito de uma causa", no entanto, quando "as ações que fluem da desobediência", Deus "invariavelmente direciona a um ou outro objetivo, e a uma certa finalidade, a quem ou ao que privilegia"[445]. O resultado dessa permissão e direção (governança) divina é que nada ocorre em algum lugar do mundo fortuita ou ocasionalmente (*temere aut fortuito*), visto que Deus não é ignorante, tampouco um "observador indolente"[446].

---

[445] *The Arminian Confession of 1621*, VI.3, trad. Mark A. Ellis (Eugene, Oreg.: Pickwick Publications, 2005), 60.

[446] Idem, 62.

Podemos nos perguntar como Armínio pode afirmar essa providência meticulosa enquanto ao mesmo tempo afirma um entendimento libertário da liberdade humana. Em alguns pontos, conforme indicado por William Witt[447], parece que Armínio não está certo de como isso funciona:

> O modo no qual Deus, como o princípio universal, flui em suas criaturas, especialmente nas racionais, e concorre em ação com a natureza e a vontade das mesmas, é aprovado por mim, independentemente de qual sorte pode ser, se ele não infere uma determinação da vontade de uma criatura para outra fora de elementos contrários ou contraditórios [...] Eu deveria desejar que ele fosse simples e solidamente explicado, como todos os efeitos e imperfeições na natureza e na vontade, ou todos os tipos universalmente o são pela Providência divina – se bem que Deus é livre de falha, toda a falha (se houver alguma) residirá na causa aproximada"[448].

O interesse de Armínio é o de preservar a retidão de Deus, bem como a soberania divina. Ele quer explorar caminhos nos quais possa preservar ambos, e está insatisfeito com a resolução de Júnio.

Eef Dekker tem defendido que "a teoria do conhecimento médio está na própria essência da doutrina de Armínio sobre o conhecimento divino", que este adotara pelo menos na época em que assumira a cadeira de professor em Leiden[449]. Além disso, Muller acredita que o Molinismo

---

[447] William Gene Witt, "Creation, Redemption, and Grace in the Theology of Jacob Arminius", 2 v. (tese de PhD, Notre Dame University, 1993).

[448] Arminius, *Response to Junius*, 6, em *Works*, 3:366-67.

[449] Dekker, "Was Arminius a Molinist?", 337. Ao observar o *timing*, Dekker é capaz de explicar várias declarações agnósticas sobre o conhecimento divino para Junio", *Works*, 3:64. "Mas o modo com o qual ele conhece certamente contingências futuras, e espe-

influenciou Armínio na formulação de suas teologias da concorrência, da liberdade humana, da graça eficaz e suficiente e da predestinação[450]. Pode ser que o Molinismo tenha sido a solução derradeira de Armínio para o problema. Stanglin e McCall pensam que sim[451]. Isso comporta bem a insistência de William Hasker de "que há uma conexão estreita entre as ideias da providência meticulosa e do conhecimento médio; de fato, ela é tão estreita que é difícil conceber a providência meticulosa *sem* o conhecimento médio"[452].

CONCLUSÃO

Minha sugestão é a de não utilizarmos mais a expressão "providência meticulosa" como equivalente ao "determinismo teológico" (que os teístas abertos imaginam ser o entendimento da soberania no contexto reformado). Originalmente, a expressão "providência meticulosa" identificava uma perspectiva da providência que nega maldades injustificadas ou sem sentido. Isso não implica o determinismo ou qualquer entendimento dos decretos eternos, como no escolasticismo reformado. Armínio afirmava "a providência meticulosa" (sem usar a expressão), pois ele rejeitava a existência do mal injustificado. Deus é soberano sobre o mal, de modo que nenhum mal que não sirva ao propósito de Deus ocorrerá, ou ao qual Deus não atribua algum significado especial. Nada ocorre, segundo Armínio, ocasionalmente ou por acidente.

---

cialmente aquelas que concernem a criaturas do livre-arbítrio, e que Ele tem decretado permitir, e não propriamente fazer – isso eu não compreendo, nem mesmo na medida em que penso que seja entendido por outros com maior aptidão que eu." Em um ponto, ele encontra na "presença eterna" tomística uma possível explicação (*Conference with Junius, Works*, 3:62). William Gene Witt pensa que o Molinismo de Armínio é possível, mas não provável. Compare Witt, 'Creation, Redemption, and Grace," 1:354-67.

[450] *GCP*, 135-39, 162-63, 253-56.

[451] Stanglin e McCall, 65-69.

[452] William Hasker, *God, Time and Knowledge* (Ithaca, N.Y.: Cornell University Press, 1998), 203.

Com a teologia reformada, Armínio afirmou uma "providência meticulosa" em que Deus tem soberania sobre o mal, de forma que nenhum ato maldoso é autônomo ou incircunscrito pela intenção divina para o bem[453]. Deus é soberano de tal maneira que ele concorre com o ato em si e seu efeito tem um significado especial e específico. Essa é uma diferença crítica entre o Arminianismo clássico e o teísmo aberto. Embora Armínio asseverasse um entendimento da concorrência que implicava a providência meticulosa, o mesmo não ocorria com o teísmo aberto. Essa diferença não é pequena, desde que ela atinja o próprio cerne da razão de o teísmo aberto, ao menos pastoralmente, surgir como uma alternativa à teologia reformada e ao Arminianismo mais tradicional. Quando o Arminianismo clássico afirma a providência meticulosa (no sentido ora definido), isso constitui um radical desacordo com o teísmo aberto. Em termos da providência meticulosa, a teologia reformada e o Arminianismo clássico se posicionam juntos.

Por outro lado, o Arminianismo clássico e o teísmo aberto compartilham uma convicção comum de que a liberdade humana é, sob certo sentido, da doutrina do livre-arbítrio, e não compatibilista. Deus permite o pecado, mas ele não é sua causa primária. Na permissão do pecado, de acordo com Armínio, Deus não concorre na eficácia do ato, embora concorra em sua ontologia e capacidade. Neste ponto, tanto os arminianos clássicos como os teístas abertos concordam. Eles discordam sobre o fato de que Armínio acreditava que Deus concorre no efeito de cada ato de forma a soberanamente limitar e direcionar as finalidades do pecado. Já os teístas abertos não acreditam que Deus concedeu a si mesmo essa soberania, pois pensam que isso é inconsistente com seus projetos divinos. O Arminianismo clássico não alega que o determinismo teológico seja uma precondição necessária para o propósito e o significado de toda a experiência humana, mesmo a trágica.

---

[453] A versão de Sanders da liberdade "libertária" é fundamentalmente "autônoma", e ele às vezes descreve-a dessa forma; compare Sanders, "Divine Providence and the Openness of God", em Ware, *Perspectives*, 231.

É importante reconhecer que a teologia reformada e o Arminianismo clássico compartilham uma visão comum da providência meticulosa de Deus sobre a criação de forma tal que há uma intenção e significado divinos em cada evento. Não há maldades injustificadas, pois Deus concorre no efeito de cada ato humano. Isso implica que Deus direciona esse ato para boas finalidades. Como o teísmo aberto rejeita essa soberania, ele constitui uma revisão radical do Arminianismo clássico.

Se essa abordagem de Armínio está correta, então o Arminianismo fica mais próximo da teologia reformada do que do teísmo aberto. A teodiceia de Armínio é decididamente agostiniana. Consequentemente, ela é inapropriada para identificar o teísmo aberto como uma subespécie de um amplo Arminianismo. Ao contrário, essa é uma diferença fundamental de como o Arminianismo e o teísmo aberto concebem a Providência divina e, portanto, como lidam com a teodiceia.

Historicamente, o Arminianismo adotou a providência meticulosa como a melhor abordagem da Providência divina. De modo geral, o Arminianismo contemporâneo (oposto ao clássico) abandonou o conceito de providência meticulosa na perspectiva do problema comprobatório do mal e, dessa forma, impulsionou o parto para o nascimento do teísmo aberto.

CONCLUSÃO

A reavaliação da obra de Armínio: reflexões sobre o discurso teológico de Armínio e o atual para a Igreja Contemporânea

Keith D. Stanglin

"Reavaliar" a obra de Jacó Armínio e, conforme sugerido pelo próprio título original da conferência, fazê-lo para o propósito da teologia atual, é uma tarefa à qual poucos estudiosos se empenharam nos últimos quatro séculos. Quando os protestantes se engajaram numa teologia sistemática historicamente informada, eles – com poucas exceções – não o fizeram mantendo diálogo com Armínio. Não apenas os escritos de Armínio têm sido geralmente negligenciados[454], mas também o veredito – *pró e contra* – sobre o Arminianismo tem sido decidido sem o necessário exame mais aprofundado.

      Nos últimos anos, acadêmicos começaram a discutir novamente o "Harmenszoon histórico"[455]. Esses avanços da pesquisa acadêmica

---

[454] As razões para o negligenciamento das ideias de Armínio são discutidas em Stanglin e McCall, 3-6.

[455] Para uma pesquisa da recente literatura até2009, veja Keith D. Stanglin, "Arminius and Arminianism: An Overview of Current Research", em *Arminius, Arminianism,and*

e histórica, no entanto, não influenciaram diretamente o diálogo construtivo da teologia sistemática. O objetivo deste livro é esclarecer ainda mais o panorama histórico e avançar nas implicações teológicas, fornecendo alguns prováveis modelos de como o diálogo teológico historicamente sensível poderia se parecer. A intenção desta conclusão é refletir sobre alguns temas históricos e teológicos que emergiram dos ensaios do livro e, em o assim fazendo, defender a recuperação de uma teologia numa conversa com Armínio[456].

Antes de os teólogos contemporâneos começarem a dialogar com Armínio, devem aprender sua linguagem, isto é, devem tentar entender Armínio e seus estudos nos próprios termos e em seu contexto histórico antes de tentar avaliar ou se apropriar de suas ideias. Simplesmente ao interagir diretamente com Armínio, os ensaios do presente volume já avançaram para além de muitas discussões populares sobre o Arminianismo. Alguns desses ensaios, ecoando uma erudição recente, novamente desafiaram alguns dos antigos mitos sobre Armínio: por exemplo, em seus ensaios, Richard Muller e, especialmente, Tom McCall enfatizam que a obra de Armínio não pode ser plenamente apreciada se não for dada atenção ao seu contexto acadêmico e ao seu próprio uso do método escolástico – inclusive com a lógica modal – para tratar as questões filosóficas e teológicas. O Harmenszoon histórico, assim como a História em geral, é muito mais complexo(a) e variado(a) do que a maioria dos livros didáticos poderia supor.

Outro elemento histórico que não tem sido muito predominante na recente erudição (se bem que abordado, embora superficialmente, nos ensaios de Jeremy Bangs e Stephen Gunter) é o quão rápido e completamente se perde contato com as ideias originais de Armínio nos debates que se seguiram a sua morte, tanto entre os antiarminianos como entre

---

Europe: Jacob Arminius (1559/1609), ed. Th Marius van Leeuwen, Keith D. Stanglin, e Marijke Tolsma, Brill's Series in Church History 39 (Leiden: Brill, 2009), 3-24.

[456] Na recuperação de teologias, veja John Webster, "Theologies of Retrieval", em *The Oxford Handbook of Systematic Theology*, ed. John Webster *et al* (Nova York: Oxford University Press, 2007), 583-99.

seus próprios seguidores. Em uma época extremamente polêmica, o fato de os oponentes de Armínio o interpretarem erroneamente não deveria ser nenhuma surpresa, em face dos boatos e informações falsas (intencionais ou não) disseminados sobre seus ensinamentos e intenções. Em 1608, por exemplo, Armínio respondeu, ponto por ponto, a 31 proposições falsas que circulavam em seu nome. Desnecessário dizer que, após 1609, Armínio já não estava mais presente para se explicar ou defender, e sua voz rapidamente se esvairia no cenário de fundo.

Além das complexas maquinações políticas que ameaçavam sujeitar todas as razões teológicas (não apenas as de Armínio) na década de 1610, os interesses teológicos explícitos dos contrarremonstrantes que levaram ao Sínodo de Dort estavam cada vez mais desfocados de Armínio. Durante a segunda década do século XVII, as ideias de Armínio eram diretamente tratadas, em sua maioria, até o ponto de serem acuradamente representadas na Remonstrância de 1610. Outras controvérsias durante a sua existência – por exemplo, sobre a Cristologia ou a justificação – foram essencialmente ignoradas nos últimos debates. Para os contrarremonstrantes holandeses e seus aliados internacionais, Conrad Vorstius, o pretenso sucessor da cadeira vaga de Armínio como professor de teologia, se tornaria um "fantasma", e Armínio e todas as coisas que defendia foram consideradas parte da "flexível" inclinação vorstiana. E como a teologia de Vorstius era inegavelmente um desenvolvimento além da de Armínio, a efetiva teologia arminiana era, obviamente, obscurecida nas discussões, embora seu nome fosse continuamente invocado. Mesmo depois de os remonstrantes se distanciarem de Vorstius, eram eles, e não Armínio, os mais frequentemente lidos e avaliados pelos contrarremonstrantes e o Sínodo de Dort.

Não somente havia uma tendência de os contrarremonstrantes perderem o contato com as ideias de Armínio, como este também foi suplantado entre os supostos arminianos. Na verdade, alguns remonstrantes, tais como Johannes Corvinus, empreenderam a defesa dos tratados de Armínio contra os oponentes, mas as apresentações eram por definição removidas de Armínio. Com maior frequência, remonstrantes tais como Peter Bertius, Johannes Uytenbogaert, Hugo Grotius e Simon Episcopius estavam compreensivelmente mais interessados em articular suas próprias perspectivas do que em defender Armínio, e as últimas posições remonstrantes sobre epistemiologia religiosa, Escrituras, Trindade, expiação, e soteriologia estavam notadamente em desacordo com as visões de Armínio. Os "Arminianismos" anglicano e wesleyano posteriores, que na realidade não tinham relação genealógica direta com Armínio, de modo geral também deixaram de interagir com suas ideias. O conceito de "Armínio *contra* os arminianos" – de que há uma descontinuidade comparativamente profunda entre o conteúdo da teologia de Armínio e a dos arminianos posteriores – é fundamentado em bases mais firmes do que a antiga hipótese do "Calvino contra os calvinistas".

Que teólogos como Grócio, Episcópio e Fletcher trilhariam seus próprios caminhos não é nada impróprio ou inesperado. Assim como fizeram os teólogos reformados posteriores que não mais eram seguidores fidelíssimos de Calvino, os remonstrantes e metodistas não estavam tentando imitar Armínio. No entanto, o problema histórico, e talvez teológico, é que esses e outros pensadores posteriores não eram considerados qualificados como "arminianos". À medida que os remonstrantes e wesleyanos foram classificados como arminianos, a teologia arminiana se tornava confusa entre eles. O Arminianismo, como um termo antagônico ao Calvinismo, tem desde aquela época significado algo desde a mais alta ordem da Igreja Anglicana, passando pelo Pelagianismo e inclusive pelo teísmo aberto. Dependendo, então, da perspectiva do indivíduo, Armínio é, para seus admiradores, um defensor da tolerância, do livre-arbítrio e da teologia bíblica, não dogmática, e, para seus detratores, o defensor do antropocentrismo e de uma incipiente heresia. A maioria dessas perspectivas é, na melhor das hipóteses, uma caricatura unilateral que somente tem uma tênue conexão com o próprio Armínio.

Todavia, o diálogo deveria continuar, e nossa opinião é a de que Armínio é figura merecedora de ser recuperada para o discurso contemporâneo ecumênico e teológico, bem como seus trabalhos deveriam ser parte de uma *realimentação* evangelical e protestante. Para essa finalidade, deveria dar-se atenção aos escritos amplamente disponíveis de Armínio, a fim de progredirmos até as publicações em sua língua original, assim como as edições traduzidas de seus vários ensaios que jamais foram publicados ou utilizados.

O aprendizado por meio da leitura do outro lado do espectro é uma maneira óbvia de iniciar um diálogo frutífero. Pode-se dizer com segurança que mais "arminianos" leram Calvino do que o contrário. Certamente, os escritos e as informações sobre Calvino são mais acessíveis do que sobre Armínio, mas as fontes primárias e secundárias sobre este último não têm sido suficientemente utilizadas. Nos casos em que os recursos e ideias têm sido seriamente utilizados, em vez de se transmitir as caricaturas e as más interpretações sobre Armínio, os calvinistas deveriam confrontá-las e corrigi-las. Os arminianos deveriam fazer o mesmo para a teologia reformada e calvinista.

Na busca de recuperar e se apropriar das ideias de Armínio para a atualidade, o objetivo não é propriamente restaurar sua teologia. Provavelmente iria querer defender tudo o que Armínio e seus contemporâneos acreditavam. Ao mesmo tempo, seria uma atitude igualmente míope rejeitar tudo o que ele preconizava simplesmente porque, por exemplo, mantinha uma relação com uma metafísica mais antiga, ou abraçava uma visão pré-crítica das Escrituras. De fato, o fracasso da teologia moderna em chegar a um consenso sobre uma metafísica substituta e o crescente desencanto com a exegese moderna podem implicar que Armínio e seus contemporâneos sejam mais convenientes agora do que na memória recente. De qualquer maneira, o ponto é distinguir Armínio das noções vagas de Arminianismo e, então, permitir que ele seja um parceiro de conversa em seus próprios termos.

Além de uma interação mais informada com Armínio, outro aspecto que o diálogo corrente construtivo teria de enfrentar é a realidade do ressurgimento do alegado "Novo Calvinismo", dos "jovens e inquietos reformados". O ressurgimento calvinista está sendo sentido mais agudamente na Convenção Batista do Sul, mas também se encontra disseminado entre várias igrejas evangelicais e não denominacionais.

Tenho lecionado em faculdades afiliadas às igrejas restauracionistas – uma associação que tem sido muito a-histórica no intuito de voltar-se a Bíblia e reconsultá-la. Como resultado, embora essas igrejas sejam exclusivamente arminianas (para não dizer semipelagianas), a maior parte de meus alunos não cresceu ouvindo sobre o Calvinismo ou o Arminianismo. No entanto, as perguntas espontâneas e o interesse que continuo ouvindo dos alunos nas aulas e em meu escritório sobre esses clássicos debates refletem esse ressurgimento. Acredito que essas perguntas e a consciência geral entre os estudantes têm aumentado nesses meus mais de dez anos como professor.

Por que há um ressurgimento do Calvinismo? Os evangélicos que têm sido privados de uma profunda reflexão teológica, de um senso de tradição confessional e de comunidade histórica encontraram o que procuravam em várias tradições cristãs: na Ortodoxia ocidental, no Catolicismo romano e, para aqueles que ainda imaginam que há algo para a Reforma Protestante, na teologia reformada. Como tem sido frequentemente notado, além de sua consistência lógica e capacidade de explicar algumas passagens das Escrituras – que de outra forma seriam de difícil explicação –, a teologia reformada também se arvora de contar com proponentes muito persuasivos e popularizadores [da causa]. A marca do Calvinismo ressurgente de modo geral não é a Ortodoxia Reformada clássica, mas sim uma forma de pandeterminismo metafísico influenciado pelo evangelicalismo americano. O Arminianismo, por sua vez, pode estar experimentando um ligeiro ressurgimento como reação a essa versão do Calvinismo. Essa ascensão popular no denominado "Arminianismo clássico" lamentavelmente não tem sido afetada pelo ressurgimento acadêmico que ocorre nos estudos sobre Armínio durante as últimas décadas.

Esses ressurgimentos populares ainda têm algumas consequências negativas; uma simples pesquisa na internet por "Calvinismo" ou "Arminianismo" refletirá essa negatividade. Com muita frequência, o discurso on-line é inadequado, tanto na literatura histórica e teológica como quanto à postura cristã. A admirável busca por um maior entendimento de nós mesmos e dos outros muda facilmente para uma obsessão com o que está errado com o outro: "a favor do Calvinismo" rapidamente recai no "contra o Arminianismo" ou "contra heresias" e vice-versa. A distinção entre "a favor do Arminianismo" e "contra o Calvinismo" é sutil, o que faz ser um desafio ainda mais difícil saber como prosseguir.

Ao defendermos um diálogo cristão corrente na conversa com Armínio, não estamos querendo sugerir que ele fosse uma figura mediadora em sua própria época. Sob vários aspectos importantes, sua teologia tomou uma trajetória diferente daquilo que estava se tornando a ortodoxia reformada, em várias questões relacionadas às doutrinas de Deus, criação e salvação – honestamente, as duas teologias não compartilhavam nenhum fundamento comum. Por uma boa razão, essas conversas efetivamente ocorreram e foram publicados diversos livros que destacam as diferenças desde aquela época. Em contrapartida, este livro e o tipo de conversa que ele promove são simplesmente uma opção de saída do exclusivo paradigma "Calvinismo *versus* Arminianismo".

Com isso, os ensaios deste livro oferecem algumas indicações de como um diálogo informado e frutífero pode prosseguir, e como – ou ao menos porque – pode ser meritório reavaliar o papel de Armínio. Podemos notar, por exemplo, as possíveis convergências que emergiram. Como Crisp e Van Kuiken assinalaram, Armínio era mais reformado, ou tradicionalmente ortodoxo, que Jonathan Edwards e T. F. Torrance em pontos-chave da teologia. Se Edwards e Torrance são abrigados no campo reformado, e amplamente considerados como parceiros nos diálogos para a teologia reformada contemporânea, por que, então, Armínio é automaticamente excluído dessas conversas? Também, conforme demonstra Hicks, a doutrina da providência de Armínio é muito diferente da (e certamente muito mais reformada que a) doutrina do teísmo aberto. De fato, o teísmo aberto é mais propriamente vorstiano que arminiano – ele é trinitariano, mas defende a mutabilidade divina e o presentismo.[457]

O ensaio de Muller indica o papel de Armínio como um colaborador da teologia pactual reformada. Pode haver mais similaridade entre as visões de Armínio e as visões reformadas sobre o livre-arbítrio do que previamente imaginado. Que outras correlações poderiam existir? A exemplo dos protestantes de todas as linhagens que aprenderam com Agostinho, Anselmo e Aquino, com a grande vantagem de não terem que endossar tudo o que estes diziam, parece que Armínio também poderia ganhar um assento à mesa. Mesmo quando um lado não consegue concordar com o outro, os interesses de cada parte devem ser ouvidos e respeitados.

O desafio dessa discussão é o mesmo que o enfrentado pela antiga disciplina da teologia dogmática e o projeto ecumênico de modo geral: de um lado, um maior entendimento pode levar ao aumento da retórica e aprofundar a divisão; mas, por outro lado, um desacordo mais bem informado pode também levar a uma maior apreciação das diferenças e dos pontos comuns. Assim, além de uma discussão focada e de acirrados debates sobre predestinação, perseverança e temas afins, aqueles que confessam com a igreja histórica a regra de fé resumida nos credos dos Apóstolos e de Niceia deveriam dar igual atenção em como, juntos, poderíamos prosseguir e enfrentar os desafios do terceiro milênio, já que todos nós usamos, para esse fim, o nome de Cristo.

---

[457] Em filosofia do tempo, presentismo é a tese que futuro e passado não existem. De acordo com esse conceito, eventos e entes que estão inteiramente no passado ou inteiramente no futuro não existem efetivamente. [N.E].